现代企业财务管理与内部控制研究

伍小玲　石　鑫◎著

中国商业出版社

图书在版编目（CIP）数据

现代企业财务管理与内部控制研究 / 伍小玲，石鑫著. -- 北京 : 中国商业出版社，2024. 9. -- ISBN 978-7-5208-3157-4

Ⅰ. F275；F272.3

中国国家版本馆 CIP 数据核字第 2024SW0588 号

责任编辑：滕　耘

中国商业出版社出版发行
（www.zgsycb.com　100053　北京广安门内报国寺 1 号）
总编室：010-63180647　编辑室：010-83118925
发行部：010-83120835/8286
新华书店经销
济南圣德宝印业有限公司印刷
*
710 毫米 × 1000 毫米　16 开　11.25 印张　210 千字
2024 年 9 月第 1 版　2024 年 9 月第 1 次印刷

定价：60.00 元

****

（如有印装质量问题可更换）

前　言

在当今世界经济一体化和资本流动全球化的背景下，企业在利用社会资本、扩大就业、促进生产力发展、创造社会财富等方面发挥着重要作用。运用传统的财务管理模式，已经不能有效保障管理效率的提升，只有科学化应用新的财务管理模式，才能助力企业整体管理水平的提升。对企业的财务管理进行理论研究，旨在促进企业在市场中竞争力的提升，为企业的发展带来更大的经济效益。企业的财务管理人员在实际的工作过程中，要充分注重财务管理措施实施的科学性，只有如此才能保障企业的良好发展。为了紧跟时代发展的步伐，相关企业纷纷开展内部控制的探索。对现代企业财务管理与内部控制的研究成为企业未来发展的一个重要课题。

本书内容共分为六章。第一章是企业财务管理概述，第二章是财务管理的要点探索，第三章是新一代信息技术在财务管理中的应用，第四章是数字经济背景下企业财务管理模式创新，第五章是企业内部控制体系的构建，第六章是现代企业智能财务内部控制研究与应用。

本书在编写过程中，收集、查阅和整理了大量文献资料，在此对学术界前辈、同人和所有为此书编写工作提供帮助的人员致以衷心的感谢。由于笔者能力有限，加之编写时间较为仓促，书中难免存在错漏和不足，敬请广大读者给予理解和指教！

目　录

第一章
企业财务管理概述

第一节　企业财务管理的相关概念

企业财务管理，是企业组织财务活动、处理财务关系的一项经济管理工作。它是企业管理的一个重要组成部分，也是社会经济发展到一定阶段的产物。

一、企业财务活动

企业财务活动是以现金收支为主的企业资金收支活动的总称，具体表现为企业在筹资、投资及利润分配活动中引起的资金流入及流出。

（一）企业筹资引起的财务活动

企业从事经营活动，必须有资金。资金的取得既是企业生存和发展的前提条件，也是资金运动和资本运作的起点。企业可以通过借款、发行股票等方式筹集资金，表现为企业资金的流入。企业偿还借款、支付利息、股利以及各种筹资费用等，则表现为企业资金的流出。这些因为资金筹集而产生的资金收支，便是由企业筹资引起的财务活动。

企业需要多少资金、资金从哪里来、以什么方式取得、资金的成本是多少、风险是否可控等一系列问题需要财务人员去解决。财务人员在面对这些问题时，一方面要保证筹集的资金能满足企业经营与投资的需要，另一方面还要使筹资风险在企业的掌控之中，以免企业以后由于资金不足或无法偿还债务而陷入破产的境地。

（二）企业投资引起的财务活动

企业筹集到资金以后，使用这些资金以获取更多的价值增值，相应产生的资金收支便是由企业投资引起的财务活动。

投资活动包括对内投资和对外投资。对内投资主要是使用资金以购买原材料、机器设备、人力、知识产权等资产，自行组织经济活动的方式获取经济收益。对外投资是以使用资金购买其他企业的股票、债券或与其他企业联营等方式获取经济收益。在对内投资中，企业用于添置设备、厂房、无形资产等非流动资产的投资由于回收期较长，又称对内长期投资。对内长期投资通常用于构建企业的生产运营环境，形成企业经营的基础。企业必须在这些环境中进行日常生产运营，组织生产产品或提供劳务，并最终将所生产的产品或劳务变现，方能收回投资。日常生产运营活动也是一种对内投资活动，这些投资活动主要形成了应收账款、存货等流动资产，资金回收期较短，故又被称为对内短期投资。

企业有哪些方案可以备选投资、投资的风险是否可接受、有限的资金如何最大化地投放到投资项目上，是财务人员在这类财务活动中要考虑的主要问题。财务人员在面对这些问题时，一方面要注意将有限的资金尽可能有效地使用以提高投资效益，另一方面要注意投资风险与投资收益之间的权衡。

（三）企业利润分配引起的财务活动

从资金的来源看，企业的资金分为权益资本和债务资本。企业利用这两类资金进行投资运营，实现价值增值。这个价值增值扣除债务资本的报酬即利息，之后若还有盈余，即为企业利润总额。我国相关法律法规规定，企业实现利润后，需依法缴纳企业所得税，缴纳所得税后的利润为税后利润，又称为净利润。企业税后利润还要根据法律规定按以下顺序进行分配：一是弥补企业以前年度亏损；二是提取盈余公积；三是提取公益金，用于支付职工福利设施建设的支出；四是向企业所有者分配利润。这些活动即为利润分配引起的财务活动。

利润分配活动中尤为重要的是向企业所有者分配利润。企业需要制定合理的利润分配政策，相关政策既要考虑所有者近期利益的要求，又要考虑企业的长远发展，应留下一定的利润用作扩大再生产。

上述三类财务活动不是相互割裂、互不相关的，而是相互联系、相互依存的。因此，合理组织这些财务活动便构成了财务管理的基本内容，即筹资管理、投资管理及利润分配三个方面。由于投资活动中的对内短期投资主要用于企业的日常运营，是企业最为频繁且相当重要的财务活动，因此也有学者将财务管理的基本内容分为筹资管理、投资管理、营运资本管理、利润及其分配等四个方面。

二、企业财务管理的定义

（一）企业的资金运动

资金是资产的货币表现。企业资金则是企业在生产经营过程中归属于一定所有者的有价资产的货币表现。

从资金运用的角度来看，虽然资金是企业资产的货币计量，但它的形式却是多样的，包括各种财产、债权和其他权利，如企业的流动资产、长期投资、固定资产、无形资产、递延资产和其他资产。

企业的资金运动一般依次经过资金的筹集、资金的投放、资金的耗用、资金的回收、资金的分配等几个环节。

1. 资金的筹集

企业进行生产经营活动，首先要筹集一定数量的资金，涉及资金需求量的预测、资金筹集渠道和方式、筹资决策有关理论和方法等。筹资是资金运动的起点，也是财务管理资金运用的前提。

2. 资金的投放

资金的投放即企业投资活动，由长期资产的投资和流动资产的投资组成，包括投资项目与投资方式的选择、投资额的确定、投资成果与投资风险的分析等。资金的运用是资金运动的中心环节，是资金利用效果的关键所在，它不仅对筹资提出了要求，而且决定了企业未来长时期的财务经济效益。

3. 资金的耗用

资金的耗用即成本和费用的消耗与补偿，包括产品成本和各种费用的预测与决策，对供应、生产、销售等再生产环节各种消耗的分析和控制。资金耗用要从未来的收入中收回，资金耗用额的多少是价值补偿的尺度。资金耗用是资金运动的基础环节，耗用水平是利润水平高低的决定性因素。

4. 资金的回收

资金的回收即对企业收入的管理，涵盖企业资金投入生产经营与投资所带来货币收入的过程，包括价格的形成、收入额的确定、结算方式的选择与销售收入的实现等过程。企业收入是资金运动的关键环节，它不仅关系资金消耗的补偿，更关系投资效益的实现。企业收入的取得是进行财务分配的前提。

5. 资金的分配

资金的分配即对已实现的销售收入和其他货币收入分配的过程。其内容包括成本费用的补偿、企业纯收入分配、税后利润分配等。分配是资金一次运动的终点，同时是下一次运动的前提。资金分配是企业经济效益的体现，关系到各方面的经济利益，因而具有很强的现实性和政策性。

（二）企业财务管理的内涵及特点

企业生产经营过程中的资金不停地流转变化，即资金运动，就是企业财务活动。通俗地说，对企业财务活动进行的计划、组织、控制、协调与考核，就是财务管理。

财务是理财的事务，企业财务就是企业理财的事务。财务管理是指在一定的整体目标下，企业关于货币资金的筹措、投放、营运、分配等活动进行的综合性管理工作。

企业财务管理是基于企业生产经营过程中客观存在的财务活动和财务关系而产生的，它是企业组织财务活动、处理企业与各方面财务关系的一项管理工作，是企业管理的重要组成部分。

财务管理作为企业管理的一个重要组成部分，侧重于企业价值管理，是根据资金在企业中的运动规律，通过对企业筹资、投资、日常经营、收入分配等各种财务活动的管理，使企业的价值达到最大化。

财务管理有其自身的特点。一是综合性强。财务管理工作的综合性要求在从事财务管理工作时必须全面考虑，借助于价值形式，把企业的一切物质条件、人力资源和经营过程都合理地加以规划与控制，达到企业效益不断提高、价值不断增长的目的。二是涉及面广。财务管理具体体现在对企业的各种资金收支活动的组织上。在企业生产经营的各个方面，从供、产、销到人事、行政、技术等各部门的业务活动，都与资金的收支活动密切相关，因而，财务管理工作必然要延伸到企业生产经营的各个环节。反过来，企业与资金运动相关的每项活动都要主动接受财务管理部门的指导，按规定办事。三是企业财务管理的效果可以通过一系列财务指标来反映。根据这一特点，财务管理部门可及时地向相关管理部门或人员提供财务信息，帮助其了解各项管理效果，以便改进管理，提高效率和效益。

三、企业财务管理的产生与发展

（一）产生阶段

早在十五六世纪，地中海沿岸商业城市就出现了邀请公众入股的城市商业组织，入股的股东包括商人、王公、大臣、市民等。商业股份经济的发展，要求做好筹资、股息分配和股本归还工作，但针对这些工作还未形成独立的财务管理部门进行管理，只是将其包含在企业管理之中。

19世纪末20世纪初，股份公司发展迅速，股份公司不断扩大生产经营规模，必须尽快地开辟新的筹资渠道，以满足生产经营不断发展的资金需求。同时，要处理好公司与投资者、债权人之间的责、权、利关系。于是，各股份公司纷纷成立专门的管理部门，以适应加强财务管理的需要。因此，财务管理开始从企业管理中分离出来，专业化的财务管理就此产生。

（二）筹资财务管理阶段

19世纪末至20世纪30年代为筹资财务管理阶段。这一阶段，资金市场还不成熟，缺乏可靠的财务信息，投资人畏首畏尾，不敢大胆地投资于股票与债券。财务管理部门就是以筹集资金为主开展工作。为搞好资金的筹集，财务管理部门围绕着诸如股票与债券发行、回购和股利的发放等方面加强财务核算，从而维护投资者的利益，进一步扩大筹资范围。

（三）内部控制财务管理阶段

20世纪30年代至50年代为内部控制财务管理阶段。在这一时期全球经济形势的影响下，企业销售额下降、资金短缺，大批企业相继破产。这使人们认识到，过分注意资金的筹措、相对忽略资金的使用效果将难以维持企业的生存和发展。因而在财务管理上只把主要精力集中到筹资上是远远不够的，当时的主要矛盾已转化为如何以低价优质的产品去占领市场，求得企业生存。产品价格降低必须以产品成本降低为基础，于是，财务管理开始侧重有计划地使用资金，控制生产经营成本与风险，提高资金使用效率，增强企业生存与获利能力。这样，企业纷纷把财务管理的重点从筹资转向了财务控制。

（四）投资财务管理阶段

20世纪50年代后期至80年代为投资财务管理阶段。第二次世界大战以后，世界经济进入一个新的发展时期，市场迅速发展，通货膨胀加剧，跨国公司越来越普遍，企业之间的竞争由国内逐渐发展到国外，企业生产经营活动的盈利机会与风险并存。企业的生存与发展不仅取决于内部财务控制，更取决于投资机会的把握与投资项目的选择，因为投资失误的损失往往比企业内部财务控制不善带来的损失更具有毁灭性。于是，企业财务管理的重点由内部控制转向投资管理，而搞好投资管理的主要方式是正确地进行投资决策。这一阶段也确定了比较合理的投资决策程序，建立了科学的投资决策指标体系和科学的风险投资决策方法。

（五）电子信息财务管理阶段

20世纪80年代至今为电子信息财务管理阶段。自20世纪80年代以来，信息网络技术的飞速发展和新的商务模式的出现，拓展了电子信息对财务管理的技术支持范围。正在大量涌现的如电子货币系统、电子签章、数字凭证、电子账单支付等新技术的运用，对财务管理的方式产生了重大影响。

四、企业财务关系

企业作为法人在组织财务活动过程中必然与企业内外部有关各方发生广泛的经济利益关系，这就是企业的财务关系。企业的财务关系因经济利益和责任的多样性而较为复杂。

（一）企业与国家之间的财务关系

企业与国家之间的财务关系是强制性的经济利益关系，相关法律法规已十分明确，即企业必须向国家依法纳税。

（二）企业与投资者之间的财务关系

企业的投资者要按照投资合同、协议、章程的约定履行出资义务，形成企业的投资资本金。企业利用这些资金进行投资，实现利润后，应按出资比例或合同、章程的约定进行利润分配。企业与投资者之间的财务关系反映了经营权和所有权的关系。

投资者的所有权主要体现在能够对企业进行一定程度的控制或施加影响，参与企业的利润分配，享有剩余财产索取权，同时要承担一定的经济法律责任。

（三）企业与债权人之间的财务关系

企业除利用资本金进行经营活动外，还要借入一定数量的资金，以便降低企业资本成本，扩大企业经营规模。企业利用债权人的资金，要按约定的利率及时向债权人支付利息，债务到期时要按时向债权人归还本金。企业同其债权人的关系体现的是债务与债权关系。

（四）企业与债务人之间的财务关系

企业将资金借出后，有权要求其债务人按约定的条件支付利息和归还本金。企业同其债务人的关系体现的是债权与债务关系。

企业借出的资金能否安全及时地收回、能否定期收取利息，关系到企业经济效益的实现和企业生产经营能否顺利进行。

（五）企业与企业内部各部门的财务关系

企业与企业内部各部门的财务关系，是指企业内部各部门之间在生产经营各环节中相互提供产品或劳务所形成的经济关系。企业在实行内部经济核算制的条件下，供、产、销各职能部门以及各生产部门之间相互提供产品和劳务并进行计价结算，这种在企业内部形成的资金结算关系体现了企业内部各部门之间的经济利益关系。

企业经济责任制的建立，需要明确各部门的经济利益，否则就不能充分调动各部门的积极性，所以企业应处理好与内部各部门之间的财务关系。

（六）企业与其职工之间的财务关系

企业与职工之间的财务关系，是指企业向职工支付劳动报酬过程中所形成的经济关系。企业要用自身的产品销售收入或其他可以支配的资金向职工支付工资、津贴、奖金等，按照职工提供的劳动数量和质量支付劳动报酬。这种企业与职工之间的财务关系体现了企业和职工在劳动成果上的分配关系。

企业的财务活动与财务关系是相互联系的，合理组织企业财务活动是对企业财务管理的基本要求，而正确处理各种财务关系则是合理组织企业财务活动的必要条件。如果各种财务关系处理不当，就难以保证企业财务活动顺利而有效地进行。

第二节　企业财务管理的价值观念

财务管理的价值观念是指财务活动主体在进行财务决策和实施财务决策过程中应具备的价值理念，主要包括资金时间价值观念和风险价值观念。

一、资金时间价值观念

（一）资金时间价值的概念

资金时间价值，简而言之，就是资金在不同时间点上的价值差异，也被称为货币的时间价值。这种价值的产生，源于资金在参与社会再生产过程后的价值增值。资金周转使用的时间越长，所获得的利润也就越丰厚，从而实现的增值额也更为显著。因此，资金时间价值的本质就是资金在周转使用过程中所产生的增值部分。也就是说，不是所有的货币都具有时间价值，只有在循环和周转中的资金，其总量才随着时间的延续而增长，使得资金具有时间价值。一般来说，资金时间价值相当于在没有风险和通货膨胀的理想环境下，社会平均利润率的一个体现。它是利润平均化规律作用的自然结果，反映了资金在不同时间点上价值增值的一般水平。

资金时间价值对于整个企业的财务管理有着极其重要的意义。主要表现为以下两点。第一，资金时间价值便于不同时点上单位货币价值量的比较。不同时点上单位货币的价值不同，不同时间的货币收入不宜直接进行比较，需要把它们换算到相同的时间基础上，才能进行数量比较和比率计算。第二，资金时间价值是正确作出财务决策的前提。资金时间价值是现代财务管理的重要价值基础。它要求合理地节约使用资金，加速资金的周转，以实现更多的资金增值。每个企业在投资某个项目时，至少要取得社会平均资金利润率。因此，资金时间价值是评价投资方案的基本标准之一，在财务决策时，资金时间价值是一项重要的因素。

（二）资金时间价值的表示

资金时间价值可以用绝对数——收益额来表示。

利息就是指资金注入并回收时所带来的收益额，一般指借款人（即债务人）因使用借入货币或资本而支付给贷款人（即债权人）的报酬，是资金所有者由于借出资金而取得的报酬。它来自生产者使用该笔资金发挥营运职能而形成的利润的一部分。

从本质上看，利息是对贷款产生利润的一种再分配。在经济研究中，利息常常被看作资金的机会成本。放弃资金使用权，意味着错失收益机会，实则付出隐性代价。资金一旦用于投资，便无法用于即时消费。牺牲现期消费旨在换取未来更多消费的可能性。从投资者视角来看，利息便是对放弃即时消费损失的补偿。因此，利息成为投资分析中权衡现在与未来的关键杠杆。投资本身蕴含现在与未来的双重意义，实质是以当前资金布局未来，期待未来回报超越当前投资。

这种预期的价值增值正是激励人们进行投资的内在动力。因此，利息可视为占用资金所付的代价或者是放弃现期消费所得的补偿。

（三）资金时间价值的计算

资金因其固有的时间价值属性，使得同一笔资金在不同时间点上呈现出不同的价值。计算资金时间价值的过程，实质上是将不同时点的资金价值进行换算。这一过程涵盖了两大核心内容：一是终值的计算，即确定当前拥有的资金在未来特定时间点会增值至何种数额；二是现值的计算，即评估未来某一时点上的资金数额，在当前时间点所对应的实际价值。

资金时间价值有两种计算方法：一是只就本金计算利息的单利法；二是本金、利息都能生利的复利法。在计算资金时间价值时，“现值”和“终值”是两个重要的概念，它们表示不同时期的资金时间价值。具体而言，现值又称本金，是指资金现在的或当前的价值。终值也被称为本利和，它代表资金在经过特定时间段后，融合了本金及其随时间产生的增值，所达到的未来总价值。在财务计算中，终值涉及多种形式，主要包括单利终值与单利现值、复利终值与复利现值，以及年金终值与年金现值等几种类型。

1. 单利终值与单利现值

单利是指只对借贷的原始金额或本金支付（收取）的利息。我国商业银行一般按照单利计算存贷款利息。

为计算方便，先设定如下符号：I 为利息，P 为现值，F 为终值，i 为每一利息期的利率（折现率），n 为计算利息的期数。

第一，单利利息的计算。按照单利的计算法则，单利利息的计算公式为：

$$I = P \times i \times n \tag{1-1}$$

第二，单利终值的计算。单利终值是本金与未来利息之和。其计算公式为：

$$F = P + P \times i \times n = P(1 + i \times n) \tag{1-2}$$

第三，单利现值的计算。单利现值是资金现在的价值。单利现值的计算就是确定未来终值的现在价值，如公司商业票据的贴现。在商业票据贴现过程中，银行会根据设定的贴现率从票据的到期值中扣除从借款日到票据到期日的应计利息，之后将剩余的金额支付给持票人。这个过程中使用的利率即为贴现率，计算得出的利息为贴现息，而扣除贴现息后得到的金额即为贴现值，也称作现值。单利现值的计算与单利终值的计算是互为逆操作的，即从终值出发推算出现值的过程，称为折现。单利现值的计算公式为：

$$P=\frac{F}{1+i\times n} \tag{1-3}$$

2. 复利终值与复利现值

复利是一种独特的利息计算方式。按照这种方式，每过一个计息期，所产生的利息会被加到本金中，并基于这个新的本金金额再次计算利息。这一过程会持续进行，形成所谓的"利滚利"效应。计息期是指两次利息计算之间的时间间隔，可以是年、月、日等不同的单位。除非有特别说明，通常默认计息期为1年。

（1）复利终值。复利终值是指一定数量的本金在一定利率下按照复利的方法计算出的若干时期以后的本金和利息。例如，某公司将一笔资金 P 存入银行，年利率为 i，如果每年计息一次，则 n 年后的本利和就是复利终值，如图 1–1 所示。

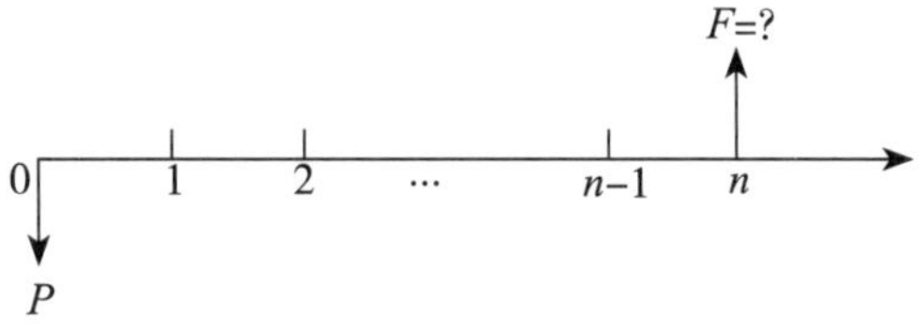

图 1–1　复利终值示意图

图 1–1 中，横轴代表时间，用数字标出各期的顺序号，则第 n 期的复利终值的计算公式为：

$$F=P\times(1+i)^{n} \tag{1-4}$$

该公式是计算复利终值的一般公式，式中的 $(1+i)^n$ 通常被称为复利终值系数或一元的复利终值，用符号（F/P，i，n）表示。例如，（F/P，6%，3）表示利率为 6%、第 3 期的复利终值系数。

（2）复利现值。复利现值是复利终值的对称概念，它是指未来一定时间内的特定资金按复利计算的当前的价值，或者说是为了在未来取得一定本利和需要在当前投入的本金。例如，将 n 年后的一笔资金 F，按年利率 i 折算为现在的价值，这就是复利现值，如图 1–2 所示。

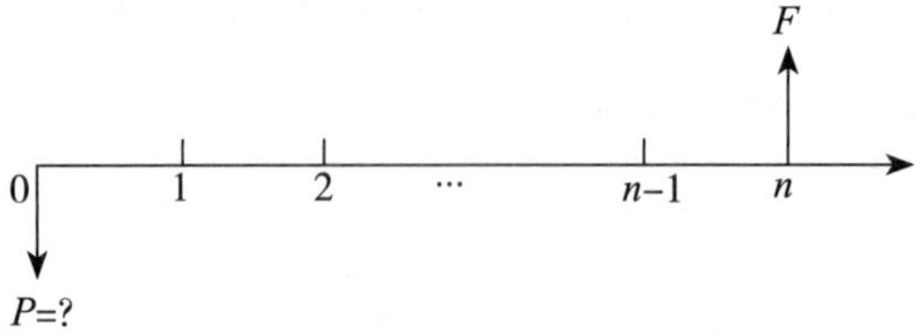

图 1–2　复利现值示意图

由终值求现值，称为折现，折算时使用的利率称为折现率。复利现值的计算，是指已知 F、i、n 时，求 P 值。通过复利终值的计算公式 $F=P\times(1+i)^n$，可得 P 的计算公式为：

$$P=\frac{F}{(1+i)^n}=F\times(1+i)^{-n} \tag{1–5}$$

式（1–5）中的 $(1+i)^{-n}$ 是把终值折算为现值的系数，通常称为复利现值系数，或称为一元的复利现值，用符号（P/F，i，n）表示。故式（1–4）也可写作 $F=P\times(P/F, i, n)^{-1}$。

（3）名义利率与实际利率。复利的计息期不一定总是 1 年，也有可能是季度、月或日。当利息在 1 年内要复利几次时，给出的年利率叫作名义利率。当 1 年内复利几次时，实际得到的利息要比按名义利率计算的利息高。

3. 年金终值与年金现值

年金是指在一个特定时间段内一系列等额的收付款项。这些款项的支付或收取方式多样，如商品的分期付款、贷款的分期等额偿还、养老金的发放、租金的支付以及折旧的提取等，都属于年金收付的形式。根据收付的次数和支付的时间不同，年金可细分为多种类型，包括普通年金、先付年金、递延年金以及永续年金。

在年金的计算中，先设定以下符号：A 表示每年收付的金额，i 表示利率，F 表示年金终值，P 表示年金现值，n 表示期数。

（1）普通年金。普通年金是指每期期末有等额的收付款项的年金，又称后付年金，如图 1–3 所示。

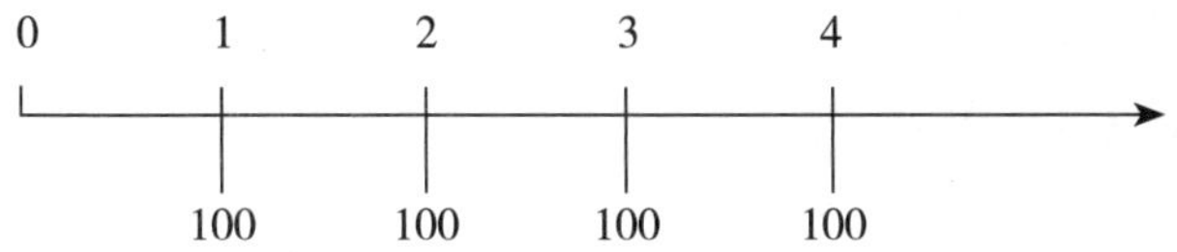

图 1–3　普通年金示意图

图 1–3 中，横轴代表时间，用数字标出各期的顺序号，竖线的位置表示支付的时刻，竖线下端数字表示收付的金额。图 1–3 即表示 4 期内每期期末收付 100 元的普通年金。

普通年金终值是指一定时期内每期期末等额收付款项的复利终值之和，普通年金现值是指一定时期内每期期末等额收付款项的复利现值之和。

（2）先付年金。先付年金是指每期期初有等额的收付款项的年金，又称预付年金，如图 1–4 所示。

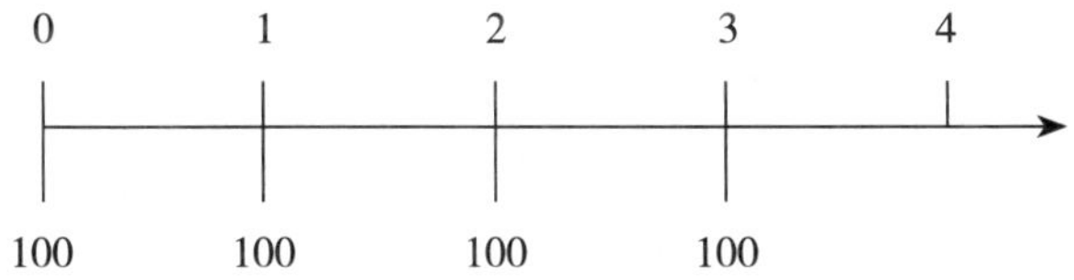

图 1–4　先付年金示意图

图 1–4 中，横轴代表时间，用数字标出各期的顺序号，竖线的位置表示支付的时刻，竖线下端数字表示支付的金额。图 1–4 表示 4 期内每期有 100 元的先付年金。

先付年金终值指的是在一个特定时期内，每期期初等额收付款项通过复利计算后所得到的总终值；而先付年金现值则是在这一时期内，每期期初等额收付款项在复利作用下所累积的现值总和。

（3）递延年金。递延年金是指第一次收付款发生时间是在第二期或者第二期以后的年金。递延年金的收付形式如图 1–5 所示。

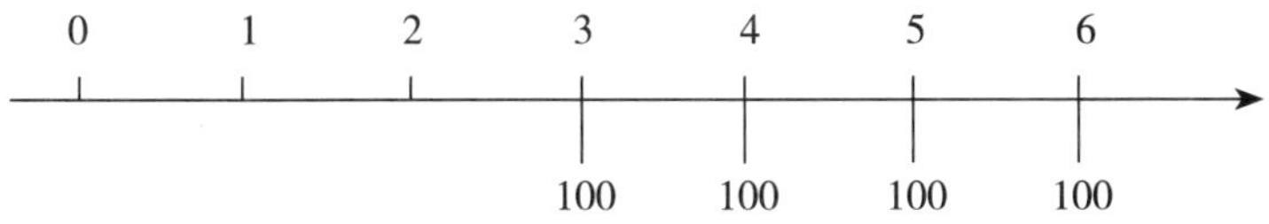

图 1–5　递延年金示意图

从图 1–5 中可以看出，递延年金是普通年金的特殊形式，第一期和第二期没有发生收付款项，一般用 m 表示递延期数，故此例中 $m=2$。从第三期开始连续 4 期发生等额的收付款项，$n=4$。

递延年金终值的计算方法与普通年金终值的计算方法相似，其终值的大小与递延期限无关。递延年金现值是自若干时期后开始每期款项的现值之和。

（4）永续年金。永续年金是指那些持续支付而无终止期限的年金，如优先股的股利就属于这一类型。由于永续年金具有无限期的特性，它并没有一个明确的终止时间，因此不存在终值的概念，而只有现值可以被计算。从某种程度上讲，永续年金可以被视为普通年金的一种特殊形式，即当普通年金的期限趋向于无穷大时，它就转化为了永续年金。其现值的计算公式可由普通年金现值公式推出。

永续年金现值 P 的计算公式为：

$$P=A\times\frac{1-(1+i)^{-n}}{i}=A\times\frac{1-\frac{1}{(1+i)^{n}}}{i}$$

当 $i\rightarrow\infty$ 时，$\frac{1}{(1+i)^{n}}\rightarrow 0$，故

$$P=\frac{A}{i} \tag{1-6}$$

在企业价值评估和企业并购确定目标企业价值时会用到公式（1–6）。

二、风险价值观念

风险价值是现代财务管理的基本概念之一，企业很多财务决策均要考虑风险价值因素，因此，熟练掌握风险价值的计量及应用是财务管理人员必须具备的基本技能。

（一）风险的概念及分类

1. 风险的概念

风险，简而言之，是在特定条件和时间内可能发生的多种结果的变化程度。当风险存在时，尽管可以预估采取特定行动可能带来的结果以及这些结果出现的概率，但行动的最终结果却是难以预先确定的。例如，当预测一个投资项目的预

期收益时，很难做到100%的准确。同样，有些事情如价格、销量、成本等的未来变化往往难以事先预知，这些变化可能超出人们的预期且难以控制。

风险源于事件本身的不确定性，这一特性是客观存在的。投资者在选择投资项目时，会面临不同程度的风险。例如，因国库券有稳定的收益和到期本息的保证，通常被视为风险较低的投资。然而，若选择投资股票，其收益的不确定性就会显著上升，这种风险一旦随着投资行为发生，其大小便成为客观存在，无法改变。换句话说，特定投资的风险程度是客观的，但投资者是否愿意承担风险以及承担多少风险，则是主观的选择。在实际操作中，风险和不确定性往往被视为同一概念，即统称为风险。当某一行动的结果存在多种可能性时，称为有风险；反之，若结果十分确定，则被视为无风险。

虽然风险具有不确定性，但风险也是可以控制的。采取行动之前，可以测算该行动可能产生的风险程度，企业或个人根据抗风险能力、心理承受能力等多种因素，选择风险程度适宜的行动方案；在行动过程中，可以通过对行动方案的不断调节和严格的制度保证，来控制行动风险程度。例如，可以根据企业经营的实际情况，选择适应企业的负债程度控制因其产生的财务风险，当企业举债程度确定后，还可以通过改善企业现金流转的措施，增强企业的支付能力，控制企业的债务风险。

2. 风险的分类

（1）从投资主体视角来看，风险主要分为市场风险和企业特有风险两类。市场风险源于对所有企业均有影响的因素，如战争、自然灾害、经济波动等。由于它涉及广泛，无法通过多元化投资来分散，因此也被称为不可分散风险或系统风险。投资者在面对这类风险时，只能根据所承担的风险程度来要求相应的投资回报。企业特有风险则是由个别企业特定事件引发的，如内部罢工、法律诉讼失败或新产品开发失利等。企业特有风险因随机发生而具备分散性。通过多元化投资策略，如购买多种股票或经营不同投资项目，投资者可有效分散这类风险。一家企业的不利事件可能被其他企业的有利事件所抵消，因此这类风险也被称为可分散风险或非系统风险。

（2）从企业自身视角出发，风险可划分为经营风险与财务风险两类。经营风险源自生产经营环节，涉及市场需求、生产成本、生产技术及其他外部因素的不确定性，这些不确定性给企业盈利带来波动，故也被称为商业风险。而财务风险，即筹资风险，主要源于企业举债经营，它涉及借入资金对自有资金盈利能力的影响以及债务偿还的风险。当借入资金比例较高时，财务风险相应增大；反之，风险较低。因此，企业管理财务风险的关键在于保持合理的资金结构，适度负债，既要利用财务杠杆提高收益，又要避免过度举债导致的财务风险加剧。

（二）风险的衡量

由于风险具有普遍性和广泛性，因此，正视风险并将风险程度予以量化，成为企业财务管理中的一项重要工作。为了准确衡量风险的大小，通常可以借助概率和统计方法。当某一事件在相同的条件下既有可能发生也有可能不发生，这类事件就被归类为随机事件。概率就是用百分数或小数来表示随机事件发生的可能性大小，或出现某种结果可能性大小的数值，一般用 P_i 表示，它是 0 ~ 1 之间的一个数。

在常规情况下，使用 X 来表示随机事件，而 X_i 则代表该随机事件的第 i 种可能结果，P_i 则对应着出现这种结果的概率。具体来说，当 P_i 等于 0 时，意味着这种结果是不可能发生的；而当 P_i 等于 1 时，则表示这种结果是必然发生的。通常情况下，随机变量的概率值介于 0 和 1 之间，即 $0 \leqslant P_i \leqslant 1$。$P_i$ 的值越大，说明该事件发生的可能性就越大；反之，P_i 的值越小，事件发生的可能性就越小。如果我们能够列出某一事件的所有可能结果，并为每个结果分配相应的概率，那么就可以构建出一个概率分布。

概率分布主要分为两种类型。一种是离散型概率分布，这种分布的特点是概率集中在几个特定的随机变量点上，其概率分布图通常表现为几条独立的直线。另一种是连续型概率分布，这种分布的特点是概率连续分布在一定区间内的各个点上，其概率分布图则呈现为一条连续的曲线。

（三）风险报酬的计算

1. 投资报酬率的构成

（1）无风险投资报酬率。这是确定的报酬率，与投资时间长短相关，一般是指资金时间价值，通常用短期政府国库券的报酬率表示。

（2）风险投资报酬率。这是与投资风险大小相关的报酬率，是对投资者冒风险进行投资的补偿，也是投资者获得的超过资金时间价值的额外报酬。

（3）通货膨胀补偿。这是投资者在发生通货膨胀时为了避免货币贬值所带来的损失而得到的一部分补偿。

2. 资本资产定价模型

（1）马科维茨资产组合理论。对于资产组合投资而言，资产组合有有效资产组合和无效资产组合之分。有效资产组合是指风险相同但预期收益率最高，或预期收益率相同但风险最小的资产组合。这也是马科维茨的均值—方差分析原理，即理性投资者应该投资于有效资产组合，而不是其他资产组合。如图 1–6 所示，选择 *n* 种资产进行投资，对它们的任何一种组合都可以形成特定的组合风险与组合收益。落在 *BAC* 区间内的任何一点代表在 *n* 种资产范围内所组成的某种特定组合的组合风险与组合收益关系。其中，只有组合风险与组合收益的交点落在 *AC* 曲线上的组合才是有效组合。*AC* 曲线为效益边界线。

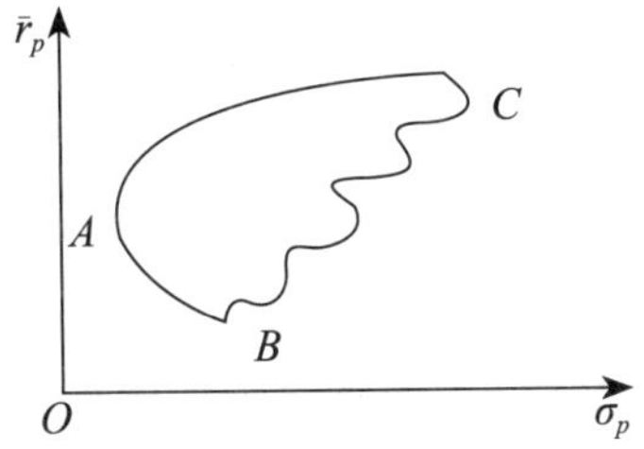

图 1–6　有效投资组合

①效益边界的原理展示。追求同样风险下最高投资收益的理性投资人所应选择的资产组合应是 *AC* 曲线区间，而不是某一个确定的点。

②具体选择哪一个点取决于投资人的偏好。对于不同的投资人来说，是否“最好”，取决于他对风险的承受能力。

如果投资者可以投资于无风险资产 —— 短期国库券，那么投资者的投资将会发生一些变化。将无风险资产引入资产组合，则新构成的资产组合是由一种无风险资产和一种风险资产构成的特定组合：无风险资产即为国债，风险资产即为股票。

这种特定组合是股票市场所有资产的组合形式，在一定意义上可以代表社会所有风险资产的集合。这样的风险资产组合被称为市场组合。

用 F 和 M 分别代表一种无风险资产和一种风险资产，则新的资产组合等于 $F+M$，这个特定资产组合的收益和风险可以表示如下。

资产组合的收益：

$$E\left(\overline{r_p}\right)=wf\ rf+w_m\ \overline{r_m} \tag{1–7}$$

资产组合的风险：

$$\sigma_p=\left(w_f^2\sigma_f^2+w_m^2\ \overset{2}{\sigma}_m+2w_f\,w_m\sigma_f\sigma_m\,\rho_{fm}\right)^{\frac{1}{2}}\leqslant\sigma_f\,\sigma_m \tag{1–8}$$

这个结果可以用资本市场线来表示，如图 1–7 所示。

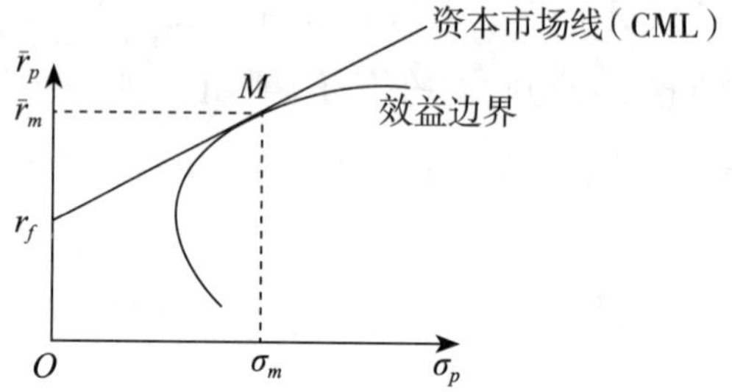

图 1–7　资本市场线

（2）资本资产定价模型的前提假设。资本资产定价模型是关于资本市场理论的模型，它是在马科维茨的资产组合理论基础上发展起来的。马科维茨的资产组合理论通过数学规划的原则，系统阐述了如何通过有效的分散化来选择最优的投资组合。但这一理论具有一定的局限性，即偏重规范性分析而缺乏实证性分析。例如，在资产投资组合分析中，投资者不知道证券该分散到何种程度才能达到高收益、低风险的最佳组合。为了解决相关问题，威廉·夏普、约翰·林特纳和简·莫森提出了一种研究证券价格决定的模型——资本资产定价模型。

人们习惯于运用“如果怎样，那么就会怎样”的逻辑推理方式来构建资本资产定价模型。其中，“如果”部分代表一个简化的假设世界，通过设定一系列理想化的假设条件，得以搭建起一个非现实但极具分析价值的理论框架。在这个基础上，逐步引入更为复杂的条件，对环境因素进行科学合理的调整。通过这样一步步地推导和修正，观察结论如何从简单的形式逐渐演化为复杂而贴近现实的形态。最终，能够建立起一个既符合实际又易于理解的资本资产定价模型。

资本资产定价模型在简化形式下，基于若干基本假定进行构建。这些假定的核心在于将个人投资者视为具有相似特性的主体，尽管他们在初始财富和风险偏好程度上存在差异。通过假设个人投资者具有相同化的特征，能够大大简化分析过程，使模型更加清晰易懂。

①在资本市场中，存在大量的投资者，每位投资者的财富相对于全体投资者财富总和而言，显得微不足道。因此，所有投资者在市场中均处于价格接受者的地位，即他们无法单独影响证券价格。这种假设与微观经济学中关于完全竞争市场的假设相吻合。

②所有投资者在制定投资策略时，均针对同一证券持有期进行规划。然而，这种投资行为被视为短视，因为它忽略了持有期结束时可能发生的任何事件所带来的潜在影响。通常情况下，这种短视行为并非最优选择，因为它未能全面考虑投资过程中可能面临的风险和机遇。

③投资者的投资选择仅限于公开金融市场上交易的资产类别，如股票和债券等。这一假设排除了对非交易性资产的投资可能性，如教育（人力资本）、私有企业以及政府基金资产（如市政设施、交通枢纽等）。同时，还假设投资者能够在固定的无风险利率条件下，自由地进行资金的借入或贷出，且不受额度限制。

④在资本资产定价模型的理论框架中，假设不存在证券交易费用（如佣金、服务费用等）及税收。然而，在现实世界中，投资者面临的税收环境复杂多样，不同收入类型（如利息、股息、资本利得）的税负各不相同，这直接影响投资者的投资决策和资产选择。此外，在实际交易过程中也伴随着费用支出，这些费用根据交易规模和投资者信誉度而有所差异。

⑤所有投资者均被视为理性决策者，他们致力于实现投资资产组合方差的最小化。这一目标导向意味着投资者们均采用了马科维茨的资本资产定价模型作为他们的决策框架。

⑥所有投资者对证券的价值以及经济趋势的看法保持一致，这导致他们对有价证券收益率的概率分布和期望也持有相同的观点。因此，不论证券价格如何

变动，投资者的投资优先级始终保持一致，这与马科维茨资本资产定价模型的核心思想相吻合。在马科维茨模型的框架下，给定了证券的价格和无风险利率，所有投资者的证券收益期望收益率与其协方差矩阵相等。这一条件使得存在一个有效益边界，并确定了一个独一无二的最优风险资产组合。这一假设在经济学中被称为同质期望。

（3）资本资产定价模型的结论。资本资产定价模型的若干假定代表着“如果怎样，那么就会怎样”分析中的“如果”部分的内容。显然，这些假定忽略了现实生活中的诸多复杂现象。由此可以得出这样一个由假定的有价证券和投资者组成的均衡关系。下面将详细阐述这些关系的含义，也就是关于资本资产定价模型的一些结论。

①所有投资者在构建自己的风险资产组合时，将遵循市场资产组合 M 的构成，按比例复制该组合中所有可交易资产。为便于分析，将风险资产聚焦于股票。在市场资产组合中，每只股票所占的比例将依据其市值来确定，即该股票的每股价格与流通在外的股数之积，占所有股票市值总和的比例。

②市场资产组合不仅位于有效益边界上，而且是与最优资本配置线相切的组合。这意味着，资本市场线——从无风险利率出发，经过市场资产组合 M 的直线，同时也是可能达到的最优资本配置线。因此，所有投资者都会选择持有市场资产组合作为他们的最优风险资产组合。投资者之间的唯一区别在于他们投资于最优风险资产组合与无风险资产的比例不同。

③市场资产组合的风险溢价与市场整体风险以及个人投资者的风险厌恶程度成正比。数学上可以表述为：

$$E(r_M) - r_f = \overline{A} \cdot \delta_M^2 \times 0.01 \qquad (1\text{–}9)$$

在式（1–9）中，δ_M^2代表市场资产组合的风险程度，而$\overline{A}$则反映了市场所有投资者平均的风险厌恶水平。因为市场资产组合被视为最优的资产组合，它有效地将风险分散到了组合中的所有股票中。所以，这里的δ_M^2实际上代表了市场的系统风险，即那些影响整个市场而非单一资产的风险因素。

④个人资产的风险溢价与市场资产组合 M 的风险溢价之间存在比例关系，同时，这种风险溢价也与相关市场资产组合证券的贝塔系数（β）成正比。贝塔

系数作为一个重要的风险度量指标，用于衡量一种证券或投资证券组合相对于整个市场的波动性。相关公式为：

$$E(r_i)-r_f=\frac{\mathrm{Cov}(r_i, r_M)}{\delta_M^2}[E(r_m)-r_f] \tag{1-10}$$

即

$$\underset{\text{期望收益率}}{E(r_i)}=\underset{\text{无风险收益率}}{r_f}+\underset{\text{风险报酬率}}{\beta_i[E(r_m)-r_f]} \tag{1-11}$$

资本资产定价模型揭示了一个核心观点：任何一只证券的期望收益率实际上是由两部分构成的。一部分是无风险收益率，它代表了投资者在无风险状态下可以获得的回报；另一部分则是风险溢价，这是投资者因承担额外风险而期望获得的额外收益。这一风险溢价并非随意确定，而是与该证券的 β 系数密切相关，如图 1–8 所示。

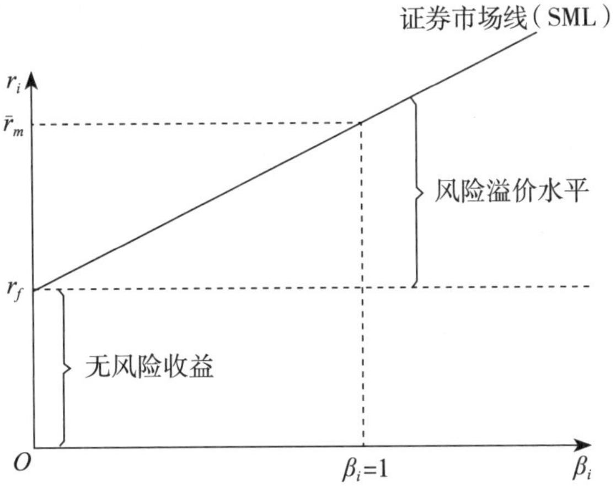

图 1–8　证券市场线

观察图 1–8，可以明显看到，股票的 β 系数与其预期收益率成正相关关系，即 β 系数越大，股票的预期收益率也相应越高。为了准确计算 β 系数，通常采用线性回归法这一统计工具。根据线性回归的原理，可以利用同一时期内的资产收益率和市场组合收益率的历史数据，构建线性回归方程来预测 β 系数。在这个回归方程中，β 系数实际上就是回归系数。

（4）补充说明。

①通货膨胀的影响。从投资者的角度来看，无风险资产收益率 r 是在没有风险的情况下要求的投资报酬率，但从筹资者的角度来看，是其支出的无风险成本，或称无风险利率。现在市场上的无风险利率由两方面构成：一是无通货膨胀的报酬率，又叫纯利率或真实报酬率，这是真正的时间价值部分；二是通货膨胀贴水，它等于预期的通货膨胀率。

②股票 β 系数的变化。随着时间的推移，不仅证券市场线在变化，β 系数也在不断变化，如因一个企业的资产组合、负债结构等因素的变化而变化。β 系数的变化会使企业股票的报酬也发生变化。

第三节　企业财务管理的环境

与企业的其他经营决策一样，企业财务活动也要受周围环境的制约和影响，多变的环境可能带来机遇，也可能引来麻烦。企业财务管理的环境是指对企业财务决策产生影响的外部条件，涉及的范围很广，经济、法律、金融、社会人文、自然资源等都具有十分重要的影响力，其中最重要的是宏观经济环境、法律环境、金融市场环境以及社会文化环境。

一、宏观经济环境

宏观经济环境是指影响企业财务决策的宏观经济状况，如宏观经济的发展速度和水平、经济周期波动、通货膨胀等。

从某种意义上看，宏观经济发展速度是各经济单位发展速度的平均值，一个企业要跟上行业整体的发展并在行业中维持它的地位，至少要保持与宏观经济同样的增长速度。

经济周期波动则要求企业适时迅速调整财务策略以适应这种变化。例如，在经济萧条阶段，整个宏观环境不景气，企业将面临产品销售受阻、资金紧缺等困难，需要采取缩减管理费用、放弃次要利益、削减存货、尽量维持生产份额、出售多余设备、关停部分分店、停止扩张和减少雇员等措施。在经济繁荣时期，市场需求旺盛，销售大幅度上升，企业则要采取迅速筹集资金、扩充厂房设备、建立存货、提高价格、开展营销规划等措施。虽然政府总是力图减少不利的经济波动，但事实上，经济波动在所难免，企业财务决策必须能够应对这种波动。

通货膨胀是经济发展中最为棘手的宏观经济问题。通货膨胀导致企业产品成本上升，资金需求和资金成本增加，会影响企业的投资收益率和企业资产的价值等，对企业财务活动的影响极为严重。在通货膨胀期间，企业为了实现预期的报酬率就必须采取各种办法调整收入和成本，如利用套期保值、提前购买设备和存货、买进现货、卖出期货等方法尽可能减少损失。利率波动会引起贷款利率等发生变化，直接影响企业的投资收益和利润，影响企业的筹资成本。因此，如何应对利率波动也是对企业财务管理活动的挑战。政府对某些地区、某些行业、某些经济行为的优惠和鼓励构成了政府主要的经济政策。我国目前的管理体制形成了政府政策的多层次性，并根据经济状况的变化而不断调整，企业财务决策应利用好这些政策并为政策的变化和调整留有余地，甚至预见其变化趋势。

此外，来自行业的竞争、技术发展水平和速度的变化等都是对企业财务决策的挑战。

二、法律环境

企业财务管理的法律环境是指企业必须遵循的各种法律法规和规章制度。一般而言，国家管理经济活动和经济关系的手段主要有行政手段、经济手段和法律手段。在市场经济条件下，越来越多的经济关系和经济活动的准则用法律的形式固定下来，行政手段逐步减少，而经济手段，特别是法律手段日益增多。企业在进行各种各样的财务活动、处理由此产生的各种财务关系时，必须遵守有关的法律规范，企业不懂法就好比走进了“地雷区”，随时都会有危险。

（一）企业组织相关法律法规

我国先后颁布过许多与企业组织相关的法律法规。按照所有制框架，有《中华人民共和国全民所有制工业企业法》《中华人民共和国私营企业暂行条例》《中华人民共和国城镇集体所有制企业条例》《中华人民共和国乡镇企业法》等。按照责任制框架，则有《中华人民共和国公司法》《中华人民共和国合伙企业法》《中华人民共和国个人独资企业法》等。这些法律法规既是企业的组织法又是企业的行为法。

从法律法规的角度来看，个人独资企业的财务优势在于：由于企业主对企业的债务承担无限责任，故法律对这类企业的设立条件要求不高，其设立程序相对简单，所有权能够自由转让；由于所有者与经营者合为一体，故没有代理成本，且经营方式灵活，财务决策迅速，也不存在公司制企业的双重纳税问题。但个人独资企业也存在很多财务劣势：由于个人财力有限，企业规模往往较小、发展较慢；受信用程度不足的限制，对债权人缺少吸引力，筹资能力较弱，难以投资资金密集、规模生产的行业；受业主能力和素质、资金规模的影响，企业抵御风险的能力较差；必须承担无限的债务责任。

合伙企业的财务优势是：每个合伙人既是所有者又是经营者，可以发挥每个合伙人的专长，提高合伙企业的决策水平和管理水平；有合伙人共同筹措资金，相对于个人独资企业而言筹资能力有所提高，企业规模扩大也比较容易；各合伙人共同偿还债务，偿债能力提高，对债权人的吸引力增强。合伙企业的财务劣势表现为：合伙企业以人身相互信任为基础，任何一个合伙人发生变化（如死亡、退出、新人加入等）都会改变原来的合伙关系，产生新的合伙企业，因而企业的存续期和财务不稳定性较大；由于在重大财务决策问题上必须经过全体合伙人一致同意，因此，其财务决策和经营方式可能不如个人独资企业迅速和灵活易变；盈余分配较复杂。

相对于上述两种组织形式，公司制企业的优势更多。例如，筹资能力强，资金实力雄厚，易于扩大规模、降低成本，形成规模经济；企业存续期长，股份易于转让，股东只以出资额承担有限责任等。但公司制企业所引起的财务问题也更多，企业不仅要争取最大利润，而且要实现股东财富最大；随着筹资能力增强，可供选择的筹资方式也增多，各种筹资方式利弊各异，需要认真分析和筛选；企业盈余的分配也更复杂，需要考虑双重纳税、信息传递效应等企业内部和外部多种因素。

（二）工商税收相关法律法规

税负是企业的费用，引起企业的现金流出，了解税收制度、熟悉工商税收相关法律法规无疑对企业财务决策具有至关重要的意义。我国各类不同经济性质的企业应纳的税种主要有增值税、消费税、关税、所得税、城市维护建设税、房产税、车船使用税、印花税、土地使用税、土地增值税、资源税和教育附加费等。税种的设置、税率的调整都会对企业的生产经营活动成果产生影响。例如，一般企业债券的利率高于同期国债利率一定百分点后，高出部分的利息须从企业税后利润中支付，显然，提高企业债券的票面利率没有充分发挥债务的节税作用，降低了股东收益。若选择折价销售，折价部分可在债券存续期内作为税前费用逐期摊销，可以充分利用债务的节税作用。上例仅分析了所得税对企业财务决策的部分影响，如果考虑所有的税种，对企业财务决策的影响就更大了，一个在没有税负情况下的合理财务决策，在考虑了税负之后可能成为错误的决策。

（三）财务相关法律法规

财务相关法律法规是企业进行财务活动、实施财务管理的基本法规，主要包括《企业财务通则》和行业财务制度。《企业财务通则》对企业资本金制度的建立、固定资产折旧、成本的开支范围、利润分配等问题作出了规定，是各类企业财务活动必须遵循的原则和规范。行业财务制度是根据不同行业的特点而制定的行业财务规范。

除上述法律法规外，与企业财务活动密切相关的法律法规还有很多，如《中华人民共和国证券法》《中华人民共和国证券投资基金法》等，企业财务决策应善于掌握法律界限，充分利用法律工具实现企业财务决策的目标。

三、金融市场环境

金融市场是与商品市场、劳务市场和技术市场并列的一种市场，在这个市场上活跃着各种金融机构、非金融机构和个人，进行货币和证券的交易活动。所有的企业都在不同程度上参与金融市场上的活动。金融市场上存在着多种方便而又灵活的筹资工具，企业需要资金时，可以到这里寻找合适的工具筹集所需资金；当企业有了剩余资金时，也可在这里选择投资方式，为其资金寻找出路。在这里，企业通过证券买卖、票据承兑和贴现等金融工具实现长、短期资金的转换，以满足企业的经营需要。在这里，企业通过远期合约、期货合约和互换合约等各种套利、投机与套期保值的手段，可化解、降低、抵消可能面临的利率风险、汇率风险、价格风险等。金融市场还可为企业财务决策提供有价值的信息。金融市场的利率变动反映资金的供求状况，有价证券市场的行情反映投资人对企业经营状况和盈利水平的评价。没有发达的金融市场，经济就会遇到困难；不了解金融市场，企业就无法作出最优的财务决策。

（一）金融市场的类别

金融市场可以按照不同的标准进行分类。

按交易对象不同，可分为资金市场、外汇市场和黄金市场。资金市场是进行资金借贷的市场，包括融资期限在 1 年以内的货币市场和融资期限在 1 年以上的资本市场。外汇市场是进行外汇买卖的交易场所或交易网络，主要设置在各国的金融中心，如荷兰的阿姆斯特丹、英国的伦敦、美国的纽约、日本的东京等都是著名的国际金融中心。黄金市场是专门经营黄金买卖的金融市场，包括现货交易市场和期货交易市场，市场的参与者主要是各国的官方机构、金融机构、经纪商、企业和个人。

按融资期限不同，可分为货币市场和资本市场。货币市场是融资期限不超过 1 年的资金交易市场，是调剂短期资金的场所，交易内容较为广泛，主要包括短期存贷款市场、银行间同业拆借市场、商业票据市场、可转让大额存单市场、短期债券市场等。资本市场是融资期限在 1 年以上的长期资金交易市场，主要包括长期存贷款市场、长期债券和股票市场，是企业取得大额资金的场所，企业以投资者和筹资者双重身份活跃在这个市场上。

按交易的性质不同，可分为发行市场和流通市场。发行市场是发行证券的市场，也称为一级市场。流通市场是从事已发行证券交易的市场，又称为二级市场。资金在一级市场上从投资者手中流入企业；二级市场则方便了投资者之间的交易，增加了投资者资产的流动性，提供了企业股票价值的信号，间接地促进了一级市场的发展。

此外，金融市场还可以按交割时间不同分为现货市场和期货市场，按地理区域不同分为国内金融市场和国际金融市场等。

（二）金融中介机构

金融中介机构是金融市场上连接资本需求者与资本供给者的桥梁，在金融市场上发挥着十分重要的作用。通常人们将金融机构分为银行金融机构和非银行金融机构两类。

1. 银行金融机构

按照其职能，银行金融机构又可以进一步分为中央银行、商业银行、专业银行等。中央银行虽然也称为“银行”，但它并非一般意义上的银行，而是一个政府管理机构。它的目标不是利润最大化，而是维护整个国民经济的稳定和发展，它的基本职能是制定和执行国家的金融政策。中国人民银行是我国的中央银行，它代表政府管理全国金融机构，代理国库。其主要职责是：制定和实施货币政策，保持货币币值稳定；依法对金融机构进行监督管理，维护金融业的稳定；维护支付和清算系统的正常运行；保管、经营国家外汇储备和黄金储备；代理国库和其他与政府有关的金融业务；代表政府从事有关的国际金融活动等。

商业银行是主要经营存贷款业务、以盈利为经营目标的金融企业。随着金融市场的发展，商业银行的业务范围已大大扩展。不论是证券市场发达还是不发达的国家，商业银行都是金融市场的主要参与者。中国工商银行、中国农业银行、中国建设银行、中国银行、交通银行、光大银行、招商银行、中信银行、华夏银行、深圳发展银行、上海浦东发展银行等都属于商业银行。

专业银行是指经营指定范围金融业务和提供专门的金融服务的银行，主要有开发银行、储蓄银行等。如美国的互助储蓄银行，仅靠接受存款筹措资金，业务也仅限于发放抵押贷款。此外，银行金融机构还包括政策性银行。政策性银行一般不以营利为目的，其基本任务是为特定的部门或产业提供资金，执行国家的产业政策和经济政策。如国家开发银行、中国进出口银行就是政策性银行。政策性银行虽然不以营利为目的，但政策性银行的资金并非财政资金，必须有偿使用，对贷款也要严格审查，并要求还本付息。

2. 非银行金融机构

非银行金融机构的构成和业务范围都极为庞杂，与企业财务活动密切相关的有保险公司、证券公司、信托投资公司、养老基金、共同基金、金融租赁公司等。保险公司从事财产保险、人寿保险等各项保险业务，不仅为企业提供了防损减损的保障，而且其聚集起来的大量资金还是企业及金融体系中长期资本的重要来源。证券公司主要从事证券买卖、承销，为企业代办、发行或包销股票和债券，参与企业兼并、收购、重组等活动，为企业提供财务咨询服务，与企业的关系十分密切。共同基金是一种进行集合投资的金融机构，聘请有经验的专业人士，根据投资者的不同愿望进行投资组合，获取投资收益。财务公司不能吸收存款，但可以提供类似银行的贷款及其他金融服务。我国的财务公司多为由企业集团内部各成员单位入股设立的金融股份有限公司，是集团内部各企业单位融通资金的重要机构。金融租赁公司则通过出租、转租赁、杠杆租赁等服务为企业提供生产经营所需的各种动产和不动产。

（三）金融市场利率

金融市场上的交易对象是货币资金。无论是银行的存贷款，还是证券市场上的证券买卖，最终要达到的目标都是货币资金转移，而货币资金的交易价格就是利率。利率的高低通过影响筹资方的筹资成本和投资方的投资收益而直接影响交易双方的利益，是企业财务决策的基本依据。在金融市场上有各种各样的利率，主要有以下几大类别。

1. 市场利率与官方利率

既然利息是资金的价格，利率水平的高低也就与其他商品一样是由可借贷资金的供求关系决定的。可供借贷的资金主要来源于居民的储蓄、货币供给的增长和境外资金的流入。资金的需求则主要来自投资、政府赤字、持有现金以及经济货币化等产生的对资金的需求。显然，利率越高，资金的供给就越多，而资金的需求就越小；利率越低，资金的需求就越高，而资金的供给就越少。根据上述利率与资金供求量之间的关系可以得到资金的供求曲线，资金供求曲线的交点是市场的均衡利率。市场利率就是由货币资金的供求关系决定的利率，也是由市场供求的均衡点决定其水平高低的利率。

官方利率是由中央银行或政府金融管理部门确定的利率，也称为法定利率。我国的利率属于官方利率，由国务院统一制定、中国人民银行统一管理。官方利率是国家进行宏观调控的一种手段，虽然是由政府确定公布的，但也要考虑市场供求的状况。

2. 基准利率与套算利率

按照利率之间的变动关系可以将利率分为基准利率与套算利率。基准利率是在多种利率并存的条件下起决定性作用的利率，这种利率的变动将影响和决定其他利率的变动。例如，西方国家中央银行的再贴现率和中国人民银行对商业银行的贷款利率。套算利率是指在基准利率基础上，各金融机构根据借贷特点换算出来的利率。

3. 实际利率与名义利率

在企业财务决策中区分实际利率和名义利率至关重要，一项投资是赚钱还是赔钱不能看名义利率，而应看实际利率，名义利率和实际利率之差就是通货膨胀率。通常，贷款合同里签署的都是名义利率，包含了借贷双方对未来通货膨胀的预期。倘若对未来的通货膨胀不能做出比较准确的估计，交易的某一方就会发生损失。实际通货膨胀率高于预期，对贷出资金的一方不利；实际通货膨胀率低于预期，则对借方不利。因此，在企业财务决策中更重要的是能够对实际利率作出比较准确的事先估计。

4. 浮动利率与固定利率

为了避免借贷期内由于通货膨胀等因素引起实际利率变动而造成的损失，就产生了浮动利率。浮动利率允许贷款利率按照合同规定的条件依市场利率的变动而调整，适用于借贷时期较长、市场利率多变的借贷关系。固定利率则是在借贷期内固定不变的利率，适用于短期借贷。

四、社会文化环境

社会文化环境涵盖广泛，包括教育、科学、文学、艺术、新闻出版、广播电视、卫生、体育、理想、信念、道德、风俗，以及与社会制度相适应的道德观念、组织纪律观念、价值观念、劳动态度等。企业的财务活动不可避免地受到社会文化的影响。但是，社会文化的各方面对财务管理的影响程度是不尽相同的，有的具有直接影响，有的只有间接影响；有的影响比较明显，有的影响微乎其微。

例如，随着财务管理工作的内容越来越丰富，社会整体的教育水平将显得非常重要。事实表明，在教育水平落后的情况下，为提高财务管理水平所做的努力往往收效甚微。科学的发展对财务管理理论的完善也起着至关重要的作用，经济学、数学、统计学、计算机科学等诸多学科的发展，都在一定程度上促进了财务管理理论的发展。社会的资信程度等也在一定程度上影响着财务管理活动。当社会资信程度较高时，企业间的信用往来会加强，会促进彼此之间的合作，并减少企业的坏账损失。同时，企业的员工往往具有不同的文化素养，要想塑造相同的企业文化，并使其接受，需要对现有员工进行企业文化方面的培训，并且在可能的情况下雇用企业文化方面的人才。忽视社会文化对企业财务活动的影响，将给企业的财务管理带来意想不到的问题。

第四节　企业财务管理的目标

目标是系统运行所希望实现的结果，其具有导向、激励、凝聚和考核作用，正确的目标是系统良性循环的前提。企业财务管理目标（以下简称财务目标）对企业财务管理系统的运行也具有同样的意义，是评价企业理财活动是否合理的基本标准，也是财务管理实践中进行财务决策的出发点和归宿。

财务目标具有层次性，可以按一定标准划分为整体财务目标、分步财务目标及具体财务目标三类。整体财务目标又称总财务目标，是一段时期内企业全部财务管理活动应实现的根本目标。整体财务目标比较笼统，必须将其进行逐步分层、分解，制定为更为细致、可操作性强的目标。将各层次目标分解至不可或无须再分解程度的目标即为具体目标，即各部门可立即付诸实现的目标。整体目标与具体目标之间的分层次目标则被称为分步目标。整体目标处于支配地位，决定着分步目标及具体目标；整体目标的实现又有赖于分步目标及具体目标的科学实施与整合。

受社会政治环境、经济环境的影响，财务目标具有阶段性的特点：不同时期、不同财务环境下，财务目标是不一样的；即使是在同一时期，不同企业由于所面临的具体经营环境不同，财务目标也不尽相同。财务目标还具有稳定性的特点。若财务目标朝令夕改，会令企业管理人员无所适从，也就没有目标可谈了。因此，财务目标应是阶段性与稳定性的统一，即一个企业一旦确立了某一个财务目标，这一财务目标在一段时间内将会保持稳定不变。

如上所述，不同时期、不同政治经济环境下有不同形式的财务管理整体目标。随着我国经济的发展、经济环境的变革，先后出现了以下四种形式的财务管理整体目标。

一、产值最大化目标

产值是指生产出的产品的价值。产值最大化目标是指企业以一段时期内生产的产品价值为考核目标。企业的收益、职工个人利益的多少，均由完成的产值计划指标的程度来决定。

产值最大化是在计划经济体制下产生的。1949 年中华人民共和国成立伊始，经济状况极为艰难，物质资料匮乏，当时最迫切的任务是尽可能多地生产出人们所需要的物品。在当时的条件下，这一整体目标对尽快恢复生产、恢复经济、发展经济、满足人民基本生活需求具有非常重大的意义。但是，随着经济的发展，计划经济体制逐渐对经济发展产生了束缚，总产值最大化也逐步暴露出其自身的缺点：只求数量，容易忽略质量；只讲产值，容易忽略效益。一方面，之前由于物资缺乏，人们对产品的质量及个性化设计的要求并不高，企业的产品只要能生产出来，就能销售出去，从而造成了企业对产品质量及品种多样性的重视不足；另一方面，因为产值最大化并不考核成本，管理层只求能增加总产值，而不管产品能否适销对路，也不管是否能以高于产品成本的价格销售出去，获得真正的价值增值。随着技术、经济的不断发展，越来越多的产品无论是在数量上还是在品种上，都增多了起来，人们不再没有选择，而是开始注重产品的质量及个性化的需求。显然，若仍以产值最大化为整体目标已不再适合，否则将导致产品销售不出去，积压在仓库中，最后贬值甚至全部报废。为克服产值最大化目标存在的缺陷，利润最大化目标被提了出来。

二、利润最大化目标

利润最大化目标是指企业以一段时期内实现的会计利润为考核目标。企业的收益、职工个人利益的多少，均根据实现的会计利润的多少来决定。

利润是一定时期内的收入扣除成本后的余额，代表了这段时期企业新创造的价值增值，利润越多则企业的财富增加得越多。企业生产出来的产品只有被销售出去才能确认收入，并且要以高于成本的价格销售出去，才能获取正的利润。在市场竞争日益激烈的情况下，只有质量好、满足消费者个性化需求的产品才能畅销。因此，利润最大化目标可以克服前文讨论的产值最大化目标所导致的缺陷。自 1978 年经济体制改革以后，市场经济模式逐渐确立，企业面向市场自主经营、自负盈亏。因此，利润最大化目标逐步替代了产值最大化目标被广为采用。但利润最大化目标并非没有缺点，随着经济环境的不断变化，其缺点也逐渐显现。

（一）没有考虑资金的时间价值

会计利润是按照权责发生制原则进行核算的，会计利润中含有未达账项，因此通常会计利润与实际收到现金的利润是不相等的，则据此目标有可能会导致错误的决策。例如，A、B 两个投资项目，投资成本均为 800 万元，收入均为 900 万元，其会计利润都是 100 万元；但在一定时间内，A 项目的所有收入均已收回，而 B 项目的收入尚有 500 万元未收回。若按利润最大化目标来评价这两个项目，应是两个方案都可行。可是此例中，显然 A 项目更好一些。

（二）没有充分考虑风险问题

利润最大化目标容易引导管理层在选择投资项目时尽可能选择利润高的项

目。殊不知，高利润往往伴随着高风险，管理层决策时若不考虑风险而一味地追求高利润，会将企业带上“不归路”。

（三）可能导致管理层采取短期行为

影响利润的因素主要有收入与成本两大类。若收入没有增加，成本降低也可增加利润。因此，有些企业在未能有效“开源”的情况下，会采取一些短期行为，如减少产品开发、人员培训、设备更新方面的支出来提高当期的利润以完成任务。更有甚者，有些管理层有可能人为调节利润，使企业表面利润增加，而企业实际财富并未增加，反而会因兑现虚假绩效而降低。这显然对企业的长期发展极为不利。

为克服利润最大化目标存在的缺陷，股东财富最大化目标、企业价值最大化目标相继被提出。

三、股东财富最大化目标

对于公司制的企业而言，企业主要是由股东出资形成的，股东是企业的所有者。股东财富即企业的所有者拥有的企业资产的价值。在股份制公司中，股东的财富就由其所拥有股票的数量和每股股票的市场价格来决定。当股票数量一定时，股票价格达到最高，就能使股东财富价值最大化。因此，股东财富最大化最终体现为股票价格最大化。股东财富最大化目标是指企业以一段时期内的股票价格为考核目标。企业的收益、职工个人利益的多少，均由股票价格的高低来决定。

（一）优点

股东财富最大化目标与利润最大化目标相比，有以下三个优点。

1. 一定程度上考虑了资金的时间价值

这一优点可以从股票定价原理角度来分析。

威廉姆斯提出的现金股利贴现模型是公认的最基本的股票定价理论模型，

其基本原理如下：

$$P_t = \sum_{t+1}^{+\infty} \frac{E(\frac{d_{t+1}}{\theta_t})}{(1+r)^t} \tag{1-12}$$

式（1–12）中，P_t 为 t 时刻股东投资的股票价格，d_{t+1}为 $t+1$ 期间每股现金股利，θ_t是 t 时刻可能获得的信息，r 是预期未来现金股利的折现率，$E(\frac{d_{t+1}}{\theta_t})$是企业在经营期内预期能得到的股息收入。

该模型认为，股票的内在价值应等于该股票持有者在企业经营期内预期能得到的股息收入按一定折现率计算的现值。

从式（1–12）中可以看出影响股票价格的因素包括现金股利、折现率、当时市场信息等。现金股利及折现率因素体现了股票价格的确定需考虑资金时间价值的影响。

2. 一定程度上考虑了风险因素

式（1–12）表明，股东可以从市场信息判断企业经营中可能存在的风险，继而将风险体现在对股票的定价上。若企业经营风险较大，则股票价格就会下降；反之，则股票价格就会上升。管理层若要股票价格最大化，则必须在风险与报酬间寻找一个平衡点。

3. 一定程度上克服了管理者追求利润上的短期行为

因为股价是未来各期收益的综合体现，每期的现金股利是根据其所属期的利润来确定的，无论是现在的利润还是预期的利润，都会对企业的股票价格产生影响，因而短期增加利润的行为对于实现股东财富最大化目标来说没有效果。

（二）缺点

股东财富最大化也存在着一些缺点，主要体现在以下两点。

1. 忽视了除股东以外的其他利益相关者的利益

企业的利益相关者不仅有股东，还包括债权人、员工、政府、社会公众等。所有的利益相关者都有可能对企业财务管理产生影响。例如，股东通过股东大会或董事会参与企业经营决策；董事会可直接任免企业经理甚至财务经理；债权人要求企业保持良好的资金结构和适当的偿债能力，以及按合约规定的用途使用资金；员工是企业财富的创造者，提供人力资本必然要求合理的报酬。正是各利益相关者的共同参与，形成了企业利益制衡机制。如果试图通过损害一方利益而使另一方获利，就会导致矛盾冲突，出现诸如股东抛售股票、债权人拒绝贷款、员工怠工等不利现象，从而影响企业的可持续发展。股东财富最大化目标可能会诱导管理层仅仅考虑自己及股东的利益，有时甚至还会损害除股东以外的其他利益相关者的利益。

2. 股票财富指标自身存在一定的缺陷

股东财富最大化是以股票价格为指标，而事实上影响股票价格的因素很多，并不都是企业管理层能够控制和影响的。把受不可控因素影响的股票价格作为企业财务管理目标显然不尽合理。也有观点认为：对非上市企业来说，股票价格较难确定，因此股东财富最大化仅对股票上市的企业适用。

四、企业价值最大化目标

为了克服股东财富最大化目标存在的缺陷，企业价值最大化目标被提出。衡量企业价值通常用以下公式：

$$V=\sum_{t+1}^{n}\frac{CE_t}{(1+r)^t} \qquad (1\text{–}13)$$

式（1–13）中，V 表示企业价值，CE_t 表示企业第 t 期的现金流量，t 表示各期现金流入的时间，n 表示产生现金流量的总的期数，r 表示对企业各期所得到的净现金流入量的贴现率。

对企业价值的评价不仅要评价企业已经获得的利润水平，更重要的是评价企业获得未来现金流入的能力和水平。因此，企业价值是能反映企业潜在或预期获利能力的企业全部资产的市场价值。企业的价值与预期的报酬成正比，但与风险成反比。此外，在寻求企业价值最大化的过程中，必须考虑和兼顾相关利益者的利益，并使之达到平衡，否则将不利于企业财务关系的协调，进而影响企业价值最大化的实现。

企业价值最大化目标除具备股东财富最大化目标所具有的优点外，还具有兼顾了股东以外的利益相关者的利益的优点；但在计量上，尤其是在非上市公司企业价值的计量上仍存在一定的缺陷。

企业在确立财务整体目标时必须注意目标唯一性，即上述目标均可作为企业的整体目标，但只能取其一，否则会因找不到方向而造成企业管理混乱。就我国企业来看，上述四种财务目标中，产值最大化目标已经过时，当前已没有任何企业再以此为整体财务目标了；利润最大化、股东财富最大化及企业价值最大化目标仍不同程度地被企业采用。其中，利润最大化目标目前主要为非股份制企业及非上市股份制企业所采用；股东财富最大化目标目前主要为股份制企业尤其是股份制上市企业所采用；企业价值最大化目标由于其相对其他目标来说更为理想化，目前仅为少数社会责任意识更强的股份制企业所采用。

财务管理目标制约财务运行的基本特征和发展方向，是财务运行的一种驱动力。不同的财务管理目标会产生不同的财务管理运行机制，科学地设置财务管理目标，对优化理财行为、实现财务管理的良性循环，具有重要意义。财务管理目标作为企业财务运行的导向力量，其设置若有偏差，财务管理的运行机制就很难合理。因此，研究财务管理目标问题，既是建立科学的财务管理理论结构的需要，也是优化我国财务管理行为的需要，在理论和实践上都有重要意义。

第二章

财务管理的要点探索

第一节　筹资管理

一、筹资概述

（一）企业的筹资动机

筹资是企业根据生产经营等活动对资金的需要，通过一定的渠道，采取适当的方式获取资金的一种行为。企业筹资是为了自身的生存和发展。具体来说，企业的筹资动机有以下四种。

（1）设立性筹资动机，是企业设立时为取得资本金而产生的筹资动机。

（2）扩张性筹资动机，是企业为扩大生产经营规模或增加对外投资而产生的动机。具有良好的前景、处于扩张期的企业一般具有这样的筹资动机。

（3）调整性筹资动机，是企业因调整现有资金结构的需要而产生的筹资动机。随着企业经营情况的变化，需要对资金结构进行相应的调整。

（4）混合性筹资动机，是企业为同时实现扩大规模以及调整资金结构等多个目标而产生的筹资动机。

（二）筹资的渠道与筹资的方式

企业筹资活动需要通过一定的渠道并采用一定方式来完成。

1. 筹资的主要渠道

筹资渠道是指客观存在的筹措资金的来源方向与通道。认识和了解筹资渠道及其特点，有助于企业充分拓宽和正确利用筹资渠道。目前，我国企业的筹资渠道主要有以下几个方面。

（1）银行信贷资金。间接融资是企业最主要的融资方式，而在间接融资中，银行信贷资金又是最重要的渠道，因此，银行对企业的各种贷款，成为目前各类企业最为重要的资金来源。

（2）其他金融机构资金。其他金融机构主要指的是信托公司、保险公司、租赁公司、证券公司、财务公司等。它们所提供的各种金融服务，既包括信贷资金投放，也包括物资的融通，还包括为企业承销证券等金融服务。

（3）其他企业资金。企业在生产经营过程中，往往会有部分暂时闲置的资金，并为一定的目的而进行相互投资；另外，企业间的购销业务可以通过商业信用方式来完成，从而形成企业间的债权债务关系，形成债务人对债权人的短期信用资金占用。企业间的相互投资和商业信用的存在，使其他企业资金也成为企业资金的重要来源。

（4）个人资金。企业职工和居民个人的结余资金，作为游离于银行及非银行金融机构等之外的个人资金，可用于对企业进行投资，形成民间资金来源渠道，从而为企业所用。

（5）国家财政资金。国家对企业的直接投资是国有企业特别是国有独资企业获得资金的主要渠道。

（6）企业自留资金。它是指企业内部形成的资金，也称企业留存收益，主要包括提取公积金和未分配利润等。这些资金的重要特征之一是，它们无须通过一定的方式去筹集，而直接由企业内部自动生成或转移。

不同的筹资渠道提供资金的数量和筹资的方便程度不尽相同。有些渠道的资金供应量比较多，如银行信贷资金和非银行金融机构资金等，而有些相对较少，如企业自留资金等。这种资金供应量的多少，在一定程度上取决于财务管理环境的变化，特别是宏观经济体制、银行体制和金融市场发展速度等因素。因此，企业须根据自身情况以及宏观环境确定适合自身的筹资渠道。

2. 筹资的常用方式

筹资方式是指可供企业在筹措资金时选用的具体筹资形式。筹资管理的重要内容是如何针对客观存在的筹资渠道，选择合理的筹资方式来进行筹资，降低筹资成本，提高筹资效益。目前，我国企业的筹资方式主要有以下七种。

（1）吸收直接投资。吸收直接投资是指企业按照“共同投资、共同经营、共担风险、共享收益”的原则，直接吸收国家、法人、个人和外商投入资金的一种筹资方式，它是形成企业资本金的一种筹资方式。

（2）发行股票。股票是股份有限公司为筹措股权资本而发行的有价证券，是公司签发的证明股东持有公司股份的凭证。股票作为一种所有权凭证，代表着股东对发行公司净资产的所有权。股票只能由股份有限公司发行，是股份公司取得权益资金的基本方式。

（3）发行债券。企业债券是指企业依照法定程序发行、约定在一定期限内还本付息的有价证券。债券表示发债企业和债券持有人之间是一种债务债权关系，债券持有人不参与企业的经营管理，但有权按期收回约定的本息，在企业破产清算时，债权人有优先于股东对企业剩余财产的索取权。

（4）银行借款。银行借款是指企业向银行或其他非银行金融机构借入的、需要还本付息的款项，包括偿还期限超过一年的长期借款和不足一年的短期借款，主要用于企业购建固定资产和满足流动资金周转的需要。

（5）商业信用。商业信用就是企业在正常的经营活动和商品交易中由于延期付款或预收账款所形成的企业常见的信贷关系。

（6）利用留存收益。留存收益筹资是指企业将留存收益转化为投资的过程，将企业生产经营所实现的净收益留在企业，而不作为股利分配给股东，其实质为原股东对企业追加投资。它是企业筹集权益资金的一种重要方式。

（7）融资租赁。融资租赁是指实质上转移与资产所有权有关的全部或绝大部分风险和报酬的租赁。租赁在实质上具有借贷的属性。融资租赁已成为一种重要的筹资方式。

（三）筹资的不同类型

企业可以从不同的渠道，利用不同的方式来筹集资金。根据不同的性质可以将它们划分为不同类型，各种类型资金的结合就构成了企业具体的筹资组合。为保证企业筹资组合的有效性，必须正确认识各种不同的筹资类型。

1. 按资金性质的不同划分

企业筹集的资金，按资金性质的不同可分为权益资金和债务资金两类，与此对应，筹资的类型可以分为股权性筹资、债务性筹资和混合性筹资。

（1）股权性筹资。股权性筹资形成企业的股权资金，也称作权益资金、自有资金，是企业依法筹集、长期拥有、自主支配的资金。权益资金由投资者的原始投资和投资积累形成，主要包括实收资本或股本、资本公积、盈余公积和未分配利润等。权益资金的多少，反映企业的资金实力，在相当程度上可以反映企业财务状况的稳定程度以及企业适应生产经营客观环境变化的能力。企业权益资金可以采用吸收直接投资、发行股票和留存利润等方式筹措取得。

（2）债务性筹资。债务性筹资形成企业的债务资金，也称借入资金，是企业通过债务方式取得，依约使用、按期偿还的资金。这部分资金在一定期限内归企业使用，但到期必须偿还，因而其偿债压力大。债务资金包括应付账款、应付票据、银行借款、应付债券及其他各种应付的款项，可采用银行借款、发行债券、融资租赁和商业信用等方式筹措取得。

（3）混合性筹资。混合性筹资是指兼具股权性筹资和债务性筹资双重属性的筹资类型，主要包括发行优先股筹资和发行可转换债券筹资。优先股股本属于企业的股权资金，但优先股股利同债券利率一样，通常是固定的，因此，优先股筹资归为混合性筹资。可转换债券在其持有者将其转换为公司股票之前，属于企业的债务资金，在其持有者将其转换为发行公司股票之后，则属于企业的股权资金。可见，发行优先股筹资和发行可转换债券筹资都具有股权性筹资与债务性筹资双重属性，因此属于混合性筹资。

2. 按资金使用期限的不同划分

企业筹集的资金，按资金使用期限的不同可分为短期资金和长期资金两类，与此对应，筹资的类型可以分为短期筹资和长期筹资。

（1）短期筹资。短期筹资是指为了满足企业周转性资金需要而进行的、资金使用期限在 1 年以内的筹资活动，也称为短期负债筹资。短期筹资方式主要包括商业信用、短期借款、短期融资券等。

（2）长期筹资。长期筹资是指为满足企业长期生存与发展而进行的、资金使用期限在 1 年以上的筹资活动，是企业筹资的主要方面。长期资金主要用于新产品新项目的开发和推广、生产规模的扩大、厂房和设备的更新与改造等。长期筹资方式主要包括长期借款、发行债券、融资租赁、吸收直接投资、发行股票等。

3. 按是否通过金融机构划分

企业筹资活动，按是否通过金融机构可以划分为直接筹资和间接筹资两种类型。

（1）直接筹资。直接筹资是指企业不通过金融机构而直接面对资金供应者进行的筹资活动，一般是指通过吸收直接投资、发行股票、发行债券等方式进行筹资。随着金融法规的逐渐健全、证券市场的不断完善，我国居民、企业参与直接筹资的机会大大增加，参与方式也日趋多样化。所以，直接筹资的范围也会越来越广。

（2）间接筹资。间接筹资是企业通过金融媒介进行的筹资活动，一般通过银行或其他金融机构进行。这种筹资具有筹资手续简单、效率高、费用低等优点，但筹资范围相对较窄，筹资渠道与方式相对单一。长期以来，间接筹资一直在我国企业的筹资活动中占主导地位。但是，随着金融市场的不断完善，间接筹资的地位比以前有所削弱，尤其是伴随着现代企业制度建设的深化，越来越多的企业把筹资方向转向资本市场，进行直接融资。

4. 按资金来源的范围不同划分

企业筹资按资金来源的范围不同，可分为内部筹资和外部筹资两种类型。企业一般应在充分利用内部筹资来源之后，再考虑外部筹资问题。

（1）内部筹资。内部筹资是指企业利用内部留存收益而形成的资本来源，是企业内部自然形成的，因此又被称为“自动化的资本来源”。这种方式一般无须花费筹资费用，其数量通常由企业可分配的利润规模和利润分配政策所决定。

（2）外部筹资。外部筹资是指企业在内部筹资不能满足需要时，向企业外部筹资而形成的资本来源。企业外部筹资方式包括吸收直接投资、发行股票、银行借款、发行债券和融资租赁等。企业的外部筹资大多需要花费筹资费用，但筹资数量相对来说也较大。

二、长期债务筹资

债务资金筹资是企业最主要的筹资形式之一。这是因为：第一，权益资金筹资一般会受到一定的限制，这就决定了企业必须借助于债务资金筹资形式来满足企业生产经营的需要；第二，从企业发展速度与规模上看，如果不依赖于债务资金筹资将难以利用财务杠杆扩大其生产经营规模；第三，债务资金筹资对提高权益资金收益率具有重要的意义。从类型来看，企业债务资金筹资方式包括长期借款、发行债券、融资租赁、商业信用等多种形式；从所筹资金的期限来看，则有长期债务资金和短期债务资金两类。下面介绍长期债务资金的筹资方式。

（一）长期借款

长期借款是企业向银行等金融机构借入的、期限在1年以上的各种借款。它以企业的生产经营及获利能力为依托，多用于企业长期资产投资和永久性流动资产投资。

1. 长期借款的不同类型

（1）按提供借款的机构不同，可分为政策性银行借款、商业性银行借款、其他金融机构借款。政策性银行借款是指执行国家政策性贷款业务的银行提供的借款，通常为长期借款。商业性银行借款是指由各商业银行向工商企业提供的借款，这类借款主要是为满足企业生产经营的资金需要，以营利为目的。其他金融机构借款是指除商业银行以外其他可以从事贷款业务的金融机构提供的借款，如信托公司、保险公司、企业财务公司等提供的借款。

（2）按是否提供担保，可分为抵押借款和信用借款。抵押借款的抵押品可以是不动产、机器设备等实物资产，也可以是股票、债券等有价证券。企业到期不能还本付息时，银行等金融机构有权处置抵押品，以保证其贷款安全。信用借款则是凭借贷款企业的信用或其保证人的信用而取得的借款。它通常由借款企业出具签字文书，借贷双方严格执行借款合同，信守约定。

（3）按借款用途不同，可分为基本建设借款、更新改造借款、科研开发和新产品试制借款等。

2. 长期借款的偿还方式

贷款本金的偿还通常有两种方式：到期一次性偿还；定期或不定期地偿还相等或不等金额的款项，借款到期时还清全部本金。从还款方式可以看出，前者能使借款企业在借款期内使用全部所借资金，但到期还款压力大，需要企业事先做好还款计划与还款准备，如建立偿债基金等。后者则使借款企业在借款期内边用边还，将还款与用款结合在一起，所用借款额不完整，且实际利率大于名义利率，但偿债压力较小。从根本上说，采用何种偿还方式，取决于所借款项使用后新增的利润及现金流入的特点。

（二）发行债券

债券是指企业依照法定程序发行、约定在一定期限还本付息的有价证券。发行债券是企业筹集债务资本的重要方式，通常是为其大型投资项目一次性筹集大笔长期资本。

1. 债券的不同类型

（1）按有无特定的财产担保，分为抵押债券和信用债券。抵押债券是以发行债券企业的财产为抵押品所发行的债券。如债券到期不能偿还，持券人可以行使抵押权，拍卖抵押品作为补偿。抵押债券按抵押品的不同又可分为不动产抵押债券、动产抵押债券和证券抵押债券。其中，证券抵押债券是债券发行人以所持有的有价证券作为抵押品而发行的债券。信用债券又称无抵押担保债券，是仅凭企业自身的信用发行的、没有抵押品做抵押或担保人做担保的债券。在公司清算时，信用债券的持有人因无特定的资产做担保品，只能作为一般债权人参与剩余财产的分配。

（2）按能否转换为本企业股票，分为可转换债券和不可转换债券。可转换债券是指根据发行契约允许持券人按预定的条件、时间和转换率将持有的债券转换为企业普通股的债券。不享有这种权利的债券则为不可转换债券。对于可转换债券，如债券持有人选择转股，企业应当按照转换办法向债券持有人换发股票，但债券持有人对转换股票或者不转换股票有选择权。

（3）按能否提前收兑，分为可提前收兑债券和不可提前收兑债券。可提前收兑债券是企业按照发行时的条款规定，依一定条件和价格在企业认为合适的时间收回债券。这类债券的优点在于：当利率降低时，企业可用“以新换旧”的办法，收回已发行的利率较高的债券，代之以新的、利率相对较低的债券，以降低债务成本。不可提前收兑债券是指不能从债权人手中提前收回的债券，它只能在证券市场上按市场价格买回，或等到债券到期后收回。

2. 债券发行定价的影响因素

债券筹资所面临的财务问题之一是如何对拟发行的债券进行定价，即确定债券发行价格。所谓债券发行价格，是指发行公司或其承销机构发行债券时所使用的价格，即投资者向发行公司认购债券时实际支付的价格。公司在发行债券之前，必须进行发行价格决策。

影响债券发行价格的因素如下。

（1）债券面值，即债券票面价值。债券发行价格的高低，从根本上取决于面值大小。一般而言，债券票面价值越大，发行价格越高；反之，发行价格越低。债券面值是债券的到期价值，即债券的未来价值，而债券发行价格是现在价值，如果不考虑利息因素，从资金时间价值来考虑，企业债券应以低于面值的价格出售，即按面值进行贴现。

（2）债券利率，即债券票面利率。债券利率通常在发行债券之前即已确定，并在债券票面上注明。一般而言，债券利率越高，发行价格越高；反之，发行价格越低。

（3）市场利率。债券发行时的市场利率是衡量债券利率高低的参照指标，两者往往不一致，共同影响债券的发行价格。一般而言，债券发行时的市场利率越高，债券的发行价格越低；反之，发行价格越高。

（4）债券期限。债券发行的起止期限越长，债权人的风险越大，要求的利息报酬越高，债券发行价格就可能较低；反之，发行价格可能较高。

债券通常按债券面值等价发行，但在实践中往往按低于面值折价发行或高于面值溢价发行。这是因为债券利率是参照市场利率制定的，市场利率经常变动，而债券利率一经确定就不能变更，因此，只能依靠调整发行价格（折价或溢价）来调节债券购销双方的利益。

（三）融资租赁

租赁是出租人以收取租金为条件，在契约或合同规定的期限内，将资产租给承租人使用的一种经济行为。租赁合约规定双方的权利与义务，其具体内容需要通过谈判确定，所以租赁的形式多种多样。

根据承租人的目的不同，租赁可以分为经营租赁和融资租赁。经营租赁的目的是取得经营活动需要的短期使用的资产，融资租赁的目的是取得拥有长期资产所需要的资本。本书主要对融资租赁进行简要介绍。

融资租赁是指出租人（一般指金融租赁公司或信托公司）按照承租人的要求融资购买租赁资产，并在契约或合同规定的较长期限内提供给承租人使用的信用性业务。融资租赁与经营租赁不同，主要表现为：第一，一般由承租人向出租人提出正式申请，由出租人融资购进设备租给承租人使用；第二，租赁期一般比较长，达到资产预计使用寿命的大部分，因此，租赁设备的购置成本必须全部摊入各期租赁费中，即出租人收取的租金必须等于租赁设备的全部成本加上租赁投资收益；第三，租赁期限内由承租人负责租赁资产的维修、保养和保险等，并对租赁资产计提折旧，但无权自行拆卸改装；第四，融资租赁禁止中途解约，即融资租赁双方签订的租赁合同一般是不可撤销的；第五，租赁期满时，按事先约定的办法处置设备，一般有续租、留购或退回三种选择，但通常情况下是由承租人留购，留购的金额一般由双方协商确定。

1. 融资租赁的不同类型

按照融资租赁业务的特点，一般可分为三种类型。

（1）直接租赁，即承租人直接向出租人租入所需要的资产，并向出租人支付租金的形式。直接租赁的出租人主要是制造厂商、租赁公司等。除制造厂商外，其他出租人都是先从制造厂商处购买资产后再出租给承租人。

（2）售后回租，即承租人根据协议将某资产卖给出租人，再将其租回使用并按期向出租人支付租金的形式。在这种租赁形式下，承租人可得到相当于售价的一笔资金，同时仍然可以获得资产的使用权。当然，在此期间，该承租人要支付租金并失去了租赁资产的所有权。

（3）杠杆租赁，是在传统融资租赁方式上派生出来的一种租赁方式，一般涉及承租人、出租人和贷款人三方当事人。从承租人的角度看，这种租赁与其他租赁形式并无区别。但对出租人却不同。出租人只垫支购买资产所需资金的一部分（一般为 20% ~ 40%），其余大部分资金由出租人以租赁资产做抵押向债权人贷款。因此，在这种租赁方式下，出租人一方面收取租赁费，另一方面需要偿还贷款人的贷款本息，若出租人无力偿还贷款，那么资产的所有权就要转归贷款人。由于租赁收益大于借款成本，出租人可获得财务杠杆利益，故被称为杠杆租赁。

2. 融资租赁的程序

不同的租赁业务，具有不同的具体程序，融资租赁的一般程序如下。

第一，选择租赁公司。企业决定采用租赁方式获取某项设备时，首先要了解各家租赁公司的经营范围、业务能力、资信情况，以及与其他金融机构如银行的关系，取得租赁公司的融资条件和租赁费率等资料，并加以比较，从中择优。

第二，办理租赁委托。企业选定租赁公司后，便可向其提出申请，办理委托。这时，承租企业须填写租赁申请书，说明所需设备的具体要求，同时还要向租赁公司提供企业的财务状况文件，包括资产负债表、利润表和现金流量表等。

第三，签订购货协议。由承租企业与租赁公司的一方或双方合作组织选定设备制造厂商，并与其进行技术与商务谈判，在此基础上签署购货协议。

第四，签订租赁合同。租赁合同由承租企业与租赁公司签订，它是租赁业务的重要文件，具有法律效力。融资租赁合同的内容可分为一般条款和特殊条款两部分。

第五，办理验货、付款与保险。承租企业按购货协议收到租赁设备时，要进行验收。验收合格后签发交货及验收证书，并提交租赁公司，租赁公司据以向供应厂商支付设备价款。同时，承租企业向保险公司办理投保事宜。

第六，支付租金。承租企业在租期内按合同规定的租金数额、支付方式向租赁公司支付租金。

第七，合同期满处理设备。融资租赁合同期满时，承租企业应按租赁合同的规定，对设备退租、续租或留购。租赁期满的设备通常都以低价卖给承租企业或无偿赠送给承租企业。

三、短期债务筹资

短期债务筹资是指为满足企业临时性流动资产需要而进行的筹资活动。根据采用的信用形式不同，短期债务筹资主要分为商业信用、短期借款和短期融资券等。

（一）商业信用

商业信用是指在商品交易中以延期付款或预收货款进行购销活动而形成的企业之间的自然借贷关系，是企业之间的直接信用行为，属于自然融资。商业信用产生于商品交换之中，其具体形式主要是应付账款、应付票据、预收货款等。随着商业竞争日趋激烈，商业信用得到了广泛的应用，在短期债务筹资中占有相当大的比重。

1. 应付账款

应付账款即赊购商品，是企业最典型、最常用的一种商业信用形式。买卖双方发生商品交易，买方在收到商品后不立即支付货款，也不出具借据，而是形成“欠账”，延迟一定时期后才付款。对买方来说，延期付款等于向卖方借用资金购进商品以满足短期的资金需要。

卖方为了尽快收回货款，往往在交易时给予买方一定的信用条件，即规定信用期限、现金折扣率及折扣期。如规定“2/10，*n*/30”，即买方如在购货后 10 天内付款，可以享受货款 2% 的现金折扣；如在 10 天之后付款，买方必须全额支付货款。其中，30 天为信用期限，10 天为折扣期限，2% 为现金折扣率。

应付账款信用按信用条件分为免费信用、有代价信用和展期信用。免费信用，即买方在规定的折扣期内享受折扣而获得的信用；有代价信用，即买方放弃折扣付出代价而获得的信用；展期信用，即买方超过规定的信用期推迟付款而强制获得的信用。如按上述信用条件，买方在购货后的前 10 天付款即获得免费信用；在购货后第 11 天至第 30 天付款，则须放弃 2% 的现金折扣，即获得有代价的信用；在信用期限到期的第 30 天后付款获得展期信用。企业应对上述三种信用进行分析并作出合理的选择。

2. 应付票据

应付票据是企业在采购商品时以商业汇票作为结算手段而推迟付款获得的一种商业信用。商业汇票是交易双方根据购销合同的规定在进行延期付款的商品交易时，由出票人开出的反映购销双方债权债务关系的票据。商业汇票开出之后，须由承兑人承兑，并交给持票人，当票据到期时，付款人应无条件支付票款本息。根据承兑人的不同，商业汇票可分为商业承兑汇票和银行承兑汇票两种。

商业承兑汇票是指交易双方约定，由销货企业或购货企业签发，但须经购货企业承兑的商业汇票。销货企业应在提示付款期限内通过开户银行委托收款或直接向付款人提示付款。商业承兑汇票到期时，购货企业的开户银行凭票将票款划给销货企业或贴现银行。如果汇票到期时付款人的存款不足以支付票款，开户银行会将汇票退还销货企业，银行不负责付款，由购销双方自行处理。

银行承兑汇票是指由承兑申请人开出，由银行承兑的商业汇票。承兑申请人必须在承兑银行开立结算账户，承兑银行经审查同意后进行承兑，并向承兑申请人收取相当于票面金额的一定比例的手续费。购货企业应在银行承兑汇票到期之前将票款足额交存其开户银行，以备由承兑银行在汇票到期日或到期日后的见票日支付票款。如果购货企业在汇票到期日未能向其开户银行足额交存票款，承兑银行也应凭票向持票人无条件付款，同时对购货企业尚未支付的汇票金额按一定比例收取罚息。由此可见，银行承兑汇票与商业承兑汇票还是存在一定区别的，商业承兑汇票是购销企业之间的一种直接信用关系，而银行承兑汇票则具有一定的银行信用的性质。

对购货企业来说，应付票据是一种短期筹资方式。这种筹资方式是因商品交易而产生的，具有方便、灵活的特点。但是，通常利用商业汇票所筹资本的使用期限较短，如我国有关法律规定，商业汇票的付款期限由交易双方商定，但最长不得超过 6 个月。商业汇票可以是无息票据，也可以是带息票据。在采用无息商业汇票时，购货企业等于得到一笔无息贷款，不需要承担资本成本。与应付账款相比，商业汇票等于是付款人给收款人出具的一个书面承诺，因此，其信用会更好一些，如果付款人在汇票到期时未能支付票款，对其信誉会产生严重的损害。

3. 预收货款

预收货款是指卖方按合同或协议的规定，在交付商品之前向买方预收部分或全部货款的信用方式。通常买方对于紧俏商品乐意采用这种结算方式办理货款结算；对于生产周期长、售价高的商品，生产者也经常要向订货者分次预收货款，以缓和本企业经营收支不平衡的矛盾。

（二）短期借款

短期借款指企业向银行和其他非银行金融机构借入的期限在 1 年以内的借款，主要用于满足公司生产周转性资金、临时资金和结算资金的需求。一般情况下，短期借款是仅次于商业信用的短期债务筹资方式。

我国目前的短期借款按照目的和用途分为若干种，主要有生产周转借款、临时借款、结算借款等。按照国际通行做法，短期借款还可按照偿还方式的不同，分为一次性偿还借款和分期偿还借款；按照利息支付方式的不同，分为收款法借款、贴现法借款和加息法借款；按照有无担保，分为抵押借款和信用借款等。企业在申请借款时，应根据各种借款的条件和需要加以选择。

1. 借款的信用条件

按照国际通行做法，银行发放短期借款往往带有一些信用条件，主要包括以下几个。

（1）信贷限额。信贷限额是银行对借款人规定的无担保贷款的最高额。信贷限额的有效期限通常为 1 年，但根据情况也可延期 1 年。一般来讲，企业在批准的信贷限额内，可随时使用银行借款。但是，银行并不承担必须提供全部信贷限额的义务。如果企业信誉恶化，即使银行曾同意过按信贷限额提供贷款，企业也可能得不到借款。这时，银行不会承担法律责任。

（2）周转信贷协定。周转信贷协定是银行具有法律义务地承诺提供不超过某一最高限额的贷款协定。在协定的有效期内，只要企业的借款总额未超过最高限额，银行必须满足企业任何时候提出的借款要求。企业享用周转信贷协定，通常要就贷款限额的未使用部分付给银行一笔承诺费。

周转信贷协定的有效期通常超过1年，但实际上贷款每几个月发放一次，所以，这种信贷具有短期和长期借款的双重特点。

（3）补偿性余额。补偿性余额是银行要求借款企业在银行中保持按贷款限额或实际借用额一定百分比（一般为10% ~ 20%）的最低存款余额。对银行来讲，补偿性余额可降低贷款风险，补偿遭受的贷款损失。对借款企业来讲，补偿性余额则提高了借款的实际利率。

（4）借款抵押。银行向财务风险较大的企业或对其信誉不太有把握的企业发放贷款，有时需要有抵押品担保，以减少自己蒙受损失的风险。短期借款的抵押品经常是借款企业的应收账款、存货、股票、债券等。银行接受抵押品后，将根据抵押品的面值决定贷款金额，一般为抵押品面值的30% ~ 90%。这一比例的高低，取决于抵押品的变现能力和银行的风险偏好。抵押借款的成本通常高于非抵押借款，这是因为银行主要向信誉好的客户提供非抵押贷款，而将抵押贷款看成一种风险投资，故而规定较高的利率；同时，银行管理抵押贷款要比管理非抵押贷款困难，为此往往另外收取手续费。

企业向贷款人提供抵押品，会限制其财产的使用和将来的借款能力。

（5）偿还条件。贷款的偿还有到期一次偿还和在贷款期内定期（每月、季）等额偿还两种方式。一般来讲，企业不希望采用后一种偿还方式，因为这样会提高借款的实际利率；而银行不希望采用前一种偿还方式，是因为这样会加重企业的财务负担，增加企业的拒付风险，同时会降低实际贷款利率。

（6）其他承诺。银行有时还要求企业为取得贷款而作出其他承诺，如及时提供财务报表、保持适当的财务水平（如特定的流动比率）等。如企业违背所作出的承诺，银行可要求企业立即偿还全部贷款。

2. 短期借款利率与利息支付方法

短期借款的利率多种多样，利息支付方法亦不相同，银行将根据借款企业的情况灵活选用。

（1）借款利率。

①优惠利率。这是银行向财力雄厚、经营状况好的企业贷款时收取的名义利率，为贷款利率的最低限。

②浮动优惠利率。这是一种随其他短期利率的变动而浮动的优惠利率，即随市场条件的变化而随时调整的优惠利率。

③非优惠利率。这是银行贷款给一般企业时收取的高于优惠利率的利率。这种利率经常在优惠利率的基础上加一定的百分比。例如，银行按高于优惠利率1%的利率向某企业贷款，若当时的优惠利率为8%，则向该企业贷款收取的利率为9%；若当时的优惠利率为7.5%，则向该企业贷款收取的利率为8.5%。

非优惠利率与优惠利率之间差距的大小，由借款企业的信誉、与银行的往来关系及当时的信贷状况所决定。

（2）借款利息的支付方法。一般来讲，借款企业可以用以下三种方法支付银行贷款利息。

①收款法。它是指在借款到期时向银行支付利息的方法。银行向工商企业发放的贷款大都采用这种方法收息。

②贴现法。它是指银行向企业发放贷款时，先从本金中扣除利息部分，而到期时借款企业则要偿还贷款全部本金的一种计息方法。采用这种方法，企业可利用的贷款额只有本金减去利息后的差额，因此，贷款的实际利率高于名义利率。

③加息法。它是银行发放分期等额偿还贷款时采用的利息收取方法。在分期等额偿还贷款的情况下，银行要将根据名义利率计算的利息加到贷款本金上，计算出贷款的本息和，要求企业在贷款期内分期偿还本息和。由于贷款分期均衡偿还，借款企业实际上只平均使用了贷款本金的半数，却支付全额利息。这样，企业所负担的实际利率大约高于名义利率一倍。

（三）短期融资券

短期融资券是由企业依法发行的无担保短期本票。在我国，短期融资券是指企业依照《银行间债券市场非金融企业债务融资工具管理办法》规定的条件和程序，在银行间债券市场发行和交易并约定在一定期限内还本付息的有价证券，是企业筹措短期（1年以内）资金的直接融资方式。短期融资券又称短期债券，是一种新兴的短期资金筹集方式。

1. 短期融资券的类型

按发行人分类，短期融资券分为金融企业的融资券和非金融企业的融资券。在我国，目前发行和交易的是非金融企业的融资券。

按发行方式分类，短期融资券分为经纪人承销的融资券和直接销售的融资券。非金融企业发行融资券一般采用间接承销方式进行，金融企业发行融资券一般采用直接发行方式进行。

2. 短期融资券的筹资特点

由于我国目前市场资金较为充分，短期融资券的发行利率较低，加上短期融资券实行余额管理，可以滚动发行，因此，短期融资券是有竞争实力的企业降低融资成本的一种有效融资方式。短期融资券具有以下筹资特点。

（1）筹资成本较低。相对于债券筹资，短期融资券的筹资成本较低。

（2）筹资数额比较大。相对于银行借款筹资，短期融资券一次性的筹资数额比较大。

（3）发行条件比较严格。只有具备一定信用等级、实力强的企业，才能发行短期融资券。

第二节　投资管理

投资是指企业投入财力，期望在未来获取收益的一种行为。在市场经济条件下，投资是企业实现财务管理目标的基本前提，是发展与获利的必要手段，也是降低风险的有效方法。投资管理是现代企业财务管理的一项重要内容。

一、项目投资概述

（一）项目投资的界定

项目在日常生活中随处可见，如建设一栋大楼、开发一种产品、对生产线进行更新改造等。人们从不同的角度给项目下过不同的定义，美国项目管理协会认为，项目是指为创造某种独特产品或服务的一次性努力。其中，“独特”是指项目所创造的产品或服务在关键特性上与其他产品或服务有不同之处，由于它是一次性的，因而是独特的。“一次性”是指每个项目都有开始和结束的时间，每个项目的历时都是有限的，任何一个项目都包含很多创新之处。

项目投资是指以特定项目为对象，直接参与新建项目或更新改造项目有关的长期投资行为，从性质上讲，它是企业直接的、生产性的、对内的实物投资，通常包括固定资产投资、无形资产投资、开办费投资、流动资产投资等内容。

项目投资是企业内部生产经营资产的长期投资，与短期投资和对外投资相比，它具有以下几个特点。

一是投资数额较大。项目投资一般涉及企业战略布局问题，涉及的金额多达数百万元、数千万元，甚至数亿元等，其投资所形成的资产占企业总资产的比重相当大，因此，项目投资对企业的财务状况和经营成果将产生深远的影响。

二是影响时间较长。作为长期投资的项目发挥作用的时间较长，项目的寿命周期达几年、十几年，甚至是几十年，项目一旦实施，将在未来相当长的时间内对企业的经济活动产生影响。

三是变现能力较差。项目投资一般无法在 1 年内或超过 1 年的一个营业周期内变现，而且在 1 年内或超过 1 年的一个营业周期内变现能力也较差，因为投资一旦完成，想改变是相当困难的，不是无法实现就是变现能力较差。

四是投资风险较高。因为项目投资所涉及的投资金额往往较大，历时和影响时间也较长，未来收益的不确定性因素较多，所以，项目投资的风险相对较高。投资决策一旦失误，给企业带来的影响往往是灾难性的，轻则亏损，重则导致企业倒闭破产。

（二）项目投资的分类

1. 战术性投资与战略性投资

项目投资按照其对企业前途的影响可分为战术性投资和战略性投资。战术性投资是指不对整个企业前途产生重大影响的投资，如为提高劳动生产率或为改善工作环境而进行的投资等。战略性投资是指会对企业全局产生重大影响的投资，如企业增加新产品的投资、企业转产的投资、企业对新的领域的投资等。战略性投资的风险往往较高、所需金额较大、资金回收时间较长。

2. 相关性投资与非相关性投资

项目投资按其关联程度可分为相关性投资和非相关性投资。如果某项目的采纳或放弃会显著地影响另一个项目，则可以说这两个项目在经济上是相关的，如存在因果关系的两个投资项目，就是相关性投资。如果某项目的采纳或放弃并不显著地影响另一个项目，则两个项目在经济上是不相关的，两者即为非相关性投资。

3. 维持性投资与扩大生产能力的投资

项目投资按照其与生产经营活动的关系可分为维持性投资和扩大生产能力的投资。维持性投资是企业为了维持其正常经营，保持现有生产能力而投入的财力，如固定资产的更新投资。扩大生产能力的投资是企业未来扩大生产规模、增加生产能力或改变企业经营方向，对企业今后的经营与发展有着重大影响的各种投资。

4. 新建项目投资与更新改造项目投资

根据具体目标不同，项目投资可分为新建项目投资和更新改造项目投资，前者以新增生产能力为主要目标，后者则以恢复和改善生产能力为主要目标。在实务中，新建项目投资根据是否需要垫支周转资本又划分为单纯固定资产项目投资和完整工业投资项目投资两大类。单纯固定资产项目投资，简称固定资产投资，是指在投资中只包括为取得固定资产而发生的垫支资本投入，不涉及周转资本的投入。完整工业投资项目投资不仅包括固定资产投资，而且涉及流动资产、无形资产、开办费的投资，因此，不能简单地将项目投资等同于固定资产投资。

5. 固定资产投资、无形资产投资与开办费投资

项目按其投资对象分为固定资产投资、无形资产投资与开办费投资。固定资产投资是指投资于企业固定资产，尤其是生产经营用固定资产的投资，如对厂房、机器设备、运输设备、工具器具等的投资都属于固定资产投资。无形资产投资是指投资于企业长期使用但没有实物形态资产的投资，如对专利权、非专利技术、商标权、著作权、土地使用权和商誉的投资等均属于无形资产投资。开办费投资是指企业在开办期间发生的递延性费用。

（三）项目投资的程序

项目投资风险大、周期长、环节多、涉及面广，需要考虑诸多因素，因此项目投资需要按照规范的程序进行。从整个项目周期的角度来看，项目的投资程序一般包括以下几个环节。

1. 项目的提出

项目的提出是项目投资程序的第一步，是根据长远发展战略、中长期计划和投资环境的变化，在把握良好投资机会的情况下提出的。它可由企业最高管理层和企业高层管理人员提出，也可由企业各级管理部门和相关部门提出。一般而言，企业最高管理层和高层管理人员提出的项目投资多是具有战略意义的项目投资或是扩大生产能力的项目投资，其投资金额巨大，影响深远。而由企业各级管理部门和相关部门提出的项目投资主要是一些战术性项目投资或维持性的项目投资。具有战略意义的项目投资或扩大生产能力的项目投资一般要由企业的战略、市场、生产、财务和物资部门共同参与论证，对于企业各级管理部门和相关部门提出的战术性项目投资或维持性项目投资，可由先提出的部门进行论证，再由企业综合论证。

2. 项目的评价

项目的评价主要涉及以下几项工作：①对提出的项目进行适当分类，为分析评价做好准备；②计算有关项目的建设周期，测算有关项目投产后的收入、费用和经济效益，预测有关项目的现金流入和现金流出；③运用各种投资评价指标，对各项投资方案的可行性程度进行排序；④写出详细的评价报告。

3. 项目的决策

项目完成评价后，应按分权管理的决策权限由企业高层管理人员或相关部门经理作出最后决策。投资额较小的战术性项目投资或维持性项目投资一般由部门经理作出决策，金额较大的项目投资一般要由企业最高管理层或企业高层管理人员作出决策，特别重大的项目投资还须报董事会或股东大会批准。无论是由哪一级管理人员作出最后决策，其决策结论一般可分为三种：①接受这个投资项目，可以进行投资；②拒绝这个投资项目，不进行投资；③返还给项目提出部门，重新论证后再进行处理。

4. 项目的执行

决定对某项目进行投资后，要积极筹措资金，实施项目投资。在投资项目的执行过程中，要对工程进度、工程质量、施工成本和工程预算进行监督、控制与审核，防止工程建设中的舞弊行为，确保工程质量，保证按时完成。

5. 项目的再评价

在投资项目的执行过程中，应注意验证原来作出的投资决策是否合理、是否正确。一旦出现新的情况，就要随时根据变化的情况作出新的评价。如果情况发生了重大变化，原来投资决策已经变得不合理，那么，就要作出是否终止该投资项目或怎样终止投资的决策，以避免更大的损失。

二、项目投资的现金流量

通常情况下，纳入财务学讨论范畴的投资项目，是已经具备国民经济可行性和技术可行性的项目。财务管理的主要任务是从企业投资者立场出发，评价投资项目的财务可行性。投资项目财务可行性评价需要结合现金流量和贴现率两个相关参数。因此，测算投资项目现金流量和确定适当的贴现率成为财务管理中项目投资决策的基础工作。

（一）现金流量的相关概念

现金流量也称现金流动量，在投资决策中是指一个投资项目引起的企业现金支出和收入增加的数量，它是评价投资方案是否具有财务可行性的一个基础数据。需要指出的是，这里的“现金”是广义的现金，不仅包括货币资金，还包括投资项目需要投入的企业现有非货币性资产的变现价值。例如，一个投资项目需要使用原有的厂房、设备等资产，相关的现金流量是指它们的变现价值，而不是其账面成本。

在进行现金流量估计时，会涉及很多的变量，以及许多个人和部门。例如，销售量的预测和销售价格通常由营销部门根据价格弹性、广告效应、经济情况、竞争者反应及消费者偏好的变化趋势来制定。类似地，一项新产品相关的资本支出通常由工程师及产品开发人员确定，而经营成本则由成本会计、制造部门专家、人力资源专家和采购人员来估计。需要特别指出的是，在预测投资项目现金流量时，若能把握与投资项目有关的一些宏观经济数据，如国内生产总值、通货膨胀率等，便能提高预测的准确程度。

现金流量包括现金流入量、现金流出量和现金净流量三个具体概念。

1. 现金流入量

现金流入量（Cash Inflow，CI）是指由投资项目引起的企业现金收入的增加额，简称现金流入。对新建项目来说，现金流入量的内容主要包括以下三项。

（1）营业收入。营业收入是指投资项目投产后每年实现的营业收入。它是经营期主要的现金流入项目，按照项目在经营期内相关产品预计单价和预测销售量进行估算。从会计视角来看，按权责发生制计量的营业收入并不是当期的经营现金流入。经营现金流入是当期现销收入和回收前期应收账款的合计数。为简化核算，通常假设正常经营年度内每期发生的赊销额与回收前期的应收账款大体相等。在这种情况下，某期的经营现金流入等于该期的营业收入。

（2）长期资产出售或报废时的残值收入。长期资产出售或报废时的残值收入是由当初的投资引起的，应当作为投资项目的一项现金流入。通常，长期资产的残值收入按长期资产的原值乘其法定净残值率估计长期资产的残值收入或处置时账面价值估算。如果直接按终结点长期资产情况预计残值收入，其数值可能与按税法计提折旧的账面价值不一致，计算与长期资产处置相关的现金流量须考虑收益纳税、损失抵税带来的现金流量。

（3）垫付的流动资金回收。投资项目出售或报废时，垫付的流动资金将回收。回收的流动资金等于各年垫支流动资金投资额的合计数。

2. 现金流出量

现金流出量（Cash Outflow，CO）是指由投资项目引起的企业现金支出的增加额。对新建项目来说，现金流出量的内容主要包括以下三点。

（1）原始投资。原始投资是指企业为使投资项目完全达到设计生产能力、开展正常经营而投入的全部资金，包括建设投资和流动资金投资两项内容。

建设投资是指在建设期内按一定生产经营规模和建设内容进行的投资，包括固定资产投资、无形资产投资和其他资产投资等。其他资产投资主要包括筹建费用、试运营费用、职工培训费等。除非特别指明，否则假设它们都是在建设期内投入的。

流动资金投资是指为维持正常生产经营活动而追加的周转性资金，一般在营业终了时才能收回。通常，流动资金投资发生在建设期期末或经营期期初。

（2）付现成本。付现成本又称经营成本，是指经营期内为满足正常生产经营而运用现金支付的成本费用，是项目在生产经营期最主要的现金流出量。企业的营业成本是由需要当期付现的经营成本和不需要在当期以现金支付的非付现成本两部分组成。付现成本主要包括原材料、燃料、动力、工资、生产设备的日常维护和经营性维修等，非付现成本主要包括固定资产折旧、无形资产及其他长期资产的摊销等。

（3）各项税款。各项税款是指项目投产后依法缴纳的、单独列示的各项税款，包括营业税及附加、所得税等。在所得税的估算中，由于不再进行利润总额与应纳税所得额的调整，因此，所有非付现成本的估算应符合税法规定。

3. 现金净流量

现金净流量（Net Cash Flow，NCF）又称净现金流量，是指在项目计算期由每年现金流入量与同年现金流出量之间的差额所形成的序列指标。无论是在经营期内，还是在建设期内都存在净现金流量。当现金流入量大于流出量，净现金流量为正值；反之，净现金流量为负值。

由于项目计算期不同阶段现金流入与现金流出发生的可能性不同，使各阶段的净现金流量在数值上表现出不同的特点。一般来说，建设期内的净现金流量的数值为负值或等于零，经营期内的净现金流量则多为正值。

（二）不同项目现金流量的估算

为简化起见，在投资项目现金流量估算中会把投资和筹资分开考虑，先评价项目本身的经济价值而不管筹资方式如何。如果投资项目有正的净现值，再去处理筹资的细节问题。这也就意味着归还借款利息和本金不做现金流出。

按是否将所得税视为现金流出，现金流量分为所得税前现金流量和所得税后现金流量两种形式。从企业或法人投资主体的角度来看，所得税是一项现金流出。因此，除非特别注明，本书所述的现金流量均为所得税后现金流量。

为了便于估算，通常把投资项目的现金流量按时段特征分为初始现金流量、营业现金流量和终结现金流量。

1. 初始现金流量

初始现金流量即建设期现金流量，是指从投资建设开始到完工投产这段时间发生的现金流量，是项目的投资支出。在这一时段，项目没有现金流入，只有现金流出。因此，初始现金流量等于负的原始投资，其估算公式为：

$$NCF_t = -P_t \qquad (2\text{-}1)$$

式（2-1）中，NCF_t 代表建设期第 t 年的净现金流量，P_t 代表该年的原始投资。

原始投资包括固定资产投资、无形资产投资、其他资产投资和流动资金投资四项内容。固定资产投资按项目规模和投资计划所确定的各项建设工程费用、设备购置费用和安装工程费用等来估算。无形资产投资和其他资产投资，根据需要和可能，逐项按有关资产的评估方法和计价标准进行估算。流动资金投资是经营期内长期占用并周转使用的营运资金，又称垫支流动资金或营运资金投资，可按以下公式进行估算：

本年流动资金投资额 = 本年流动资金需用数 − 上年流动资金需用数　（2-2）

本年流动资金需用数 = 本年流动资产需用数 − 本年流动负债可用数　（2-3）

2. 营业现金流量

营业现金流量又称经营现金流量，是指项目投入生产经营后，在其寿命周期内生产经营所带来的现金流入和流出的数额。

营业现金流量 = 营业收入 – 付现成本 – 所得税额
= 营业收入 –（营业成本 – 非付现成本）– 所得税额
= 净利润 + 非付现成本
= [营业收入 –（付现成本+非付现成本）]×（1 – 所得税税率）+ 非付现成本
= 营业收入 ×（1 – 所得税税率）– 付现成本 ×（1 – 所得税税率）+ 非付现成本 × 所得税税率 （2–4）

营业现金流量 = 税后营业收入 – 税后付现成本 + 非付现成本抵税 （2–5）

由式（2–4）和式（2–5）可知，非付现成本并不是现金流出，它之所以会对投资项目的现金流量产生影响，是由于所得税的存在引起的。

非付现成本主要包括固定资产折旧、无形资产摊销、其他长期资产摊销、资产减值损失等。通常，在项目投资决策现金流量估算中，主要考虑固定资产折旧、无形资产摊销和其他长期资产摊销三项非付现成本。固定资产折旧和无形资产摊销按税法规定的净残值、使用年限和折旧摊销方法估算，其他长期资产摊销按制度规定在投产后第一年全额摊销。

式（2–4）很少使用。因为要知道所得税额，须先算出利润总额。在已知利润总额的情况下，可直接用式（2–5）计算营业现金流量。式（2–5）容易理解，所得税对营业现金流量的影响在计算净利润时一并考虑了，比较适于初学者掌握。

在实务中，由于所得税额的缴纳主体是企业而不是项目，因此，项目如果在某一年产生亏损，需要专门处理由亏损而产生的抵税现金流量，除非项目由专门注册的子公司独立运作。

3. 终结现金流量

终结现金流量是指投资项目终结时所发生的现金流量。它主要包括长期资产报废或出售的现金流入、收回垫支的流动资金以及与税法确认的资产残值差异形成的纳税或抵税金额。

需要关注的是，按现行税法规定，在大多数情况下，投资项目寿命期末会有相关的纳税支出或收入。这是因为长期资产通常不是按账面价值报废或出售的。在考虑所得税情况下，需要将出售收入扣除账面价值和相关税费后的金额计入当期损益，按照出售收益和计提折旧后的账面价值之间的差额来测算纳税金额。

出售或处置长期资产现金流入可按以下公式计算：

$$NCF_c = S_c + (C_c - S_c) \times T \tag{2-6}$$

式（2-6）中，NCF_c 代表出售或处置长期资产现金流量，S_c 代表预计净残值收入，C_c 代表长期资产账面价值，T 代表所得税税率。

（三）现金流量估算中的常见问题

在确定投资方案的相关现金流量时，应遵循的基本原则是：只有增量的现金流量才是与项目相关的现金流量。所谓增量现金流量，是指接受或拒绝某个投资方案后，企业总现金流量因此发生的变动。因此，只有那些由于采纳某个项目引起的现金支出增加额才是该项目的现金流出，只有那些由于采纳某个项目引起的现金流入增加额，才是该项目的现金流入。

为正确计算投资方案的增量现金流量，需要正确判断哪些收入或支出会引起企业总现金流量的变动，哪些收入或支出不会引起企业总现金流量的变动。在进行这种判断时，要注意以下几个方面的问题。

第一，区分相关成本与非相关成本。相关成本是指与特定决策有关的，在分析评价时必须加以考虑的成本。例如，差额成本、未来成本、重置成本和机会成本等都属于相关成本。非相关成本是指与特定决策无关，在分析评价时不必加以考虑的成本。例如，沉没成本、过去成本、账面成本等往往是非相关成本。如果将非相关成本纳入投资方案的总成本，则一个有利的方案可能因此变得不利，一个较好的方案可能因此变为较差的方案，从而造成决策错误。

第二，不要忽视机会成本。在投资方案的选择中，如果选择了一个方案，则必须放弃投资于其他项目的机会。其他投资机会可能取得的收益是实行本方案的一种代价，被称为这项投资方案的机会成本。机会成本不是通常意义上的“成本”，它不是一种支出或费用，而是可能失去的收益。这种收益不是实际发生的，而是潜在的。机会成本总是针对具体方案的，离开被放弃方案就无从计量确定。机会成本在决策中的意义在于它有助于全面考虑可能采取的各种方案，以便为既定资源寻求最为有利的使用途径。

第三，要考虑投资方案对其他部门的影响。当采纳一个新的投资项目后，该项目可能对企业的其他部门造成有利或不利的影响。因此，在进行投资项目分析时，应当关注的是新项目实施后对整个企业预期现金流入的影响。当然，这些交互的影响有时是很难准确计量的，但决策者在进行投资分析时仍应将其考虑在内。

尽管在许多情形下，新项目会影响企业现有产品的市场和销售，但在有些情况下，新项目会促进现有产品的销售。例如，航空公司开通一条新航线，除直接创造了收入外，还将旅客运送至与之相连的其他航线，增加了相关航线的收入。因此，决策时必须考虑新项目实施后可能给企业带来的每一笔关联现金流量。

第四，对净营运资金的影响。在一般情况下，当企业投资一个新项目并使销售额扩大后，一方面，对于存货和应收账款等流动资产的需求也会增加，企业必须筹措新的资金以满足这种额外需求；另一方面，应付账款与其他一些应付费用等流动负债也会同时增加。

当投资方案的寿命周期快要结束时，企业将与项目相关的存货出售，应收账款变为现金，应付账款和应付费用也随之偿付，净营运资金恢复到原有水平。通常，在进行项目投资分析时，假定开始投资时筹措净营运资金，在项目结束时收回。

第五，忽略利息支付和融资现金流量。在评价新投资项目和确定现金流量时，往往将投资决策和融资决策分开，即从全部资本角度来考虑。此时，利息费用和投资项目的其他融资现金流量不应看成该项目的增量现金流量。也就是说，即使接受项目时不得不通过举借债务来筹集资金，与筹集债务资金相关的利息支出及债务本金的偿还也不应看作相关的现金流量。因为，当用企业要求的收益率作为贴现率来贴现项目的现金流量时，该贴现率已经隐含了这些项目的融资成本。分析人员通常事先确定对投资项目的期望收益或收益率要求，然后再寻求最佳融资方式。

三、项目投资的常用决策评价方法

项目投资决策评价的基本原理是：当投资项目收益率超过资本成本时，企业价值将增加；当投资项目收益率低于资本成本时，企业价值将减少。这一原理涉及项目的报酬率、资本成本和股东财富的关系。

投资要求的报酬率是投资人的机会成本，即投资人将资金投资于其他等风险资产可以赚取的最高收益。企业投资项目的报酬率必须达到投资人的要求。如果企业的资产获得的报酬超过资本成本，企业的收益大于股东要求，必然会吸引新的投资者购买该企业股票，其结果是股价上升。如果相反，股东可能会对企业不满，有一部分人会出售企业股票，导致股价下跌。因此，资本成本也可以说是企业在现有资产上必须赚取的、能使股价维持不变的收益。股价代表了股东财富，反映了资本市场对企业价值的估计。企业投资取得高于资本成本的报酬，就为股东创造了价值；反之，则毁损了股东财富。因此，投资人要求的报酬率即资本成本，是评价项目是否为股东创造财富的标准。

项目投资决策是通过一定的经济评价指标来进行的。进行投资项目决策的评价方法有非贴现评价方法和贴现评价方法两类。

（一）非贴现评价方法

非贴现的方法不考虑资金的时间价值，把不同时间的现金流量看成等效的。因此，这些方法在选择方案时通常起辅助作用。

1. 投资回收期法

投资回收期法是使用回收期作为评价方案优劣指标的一种方法。投资回收期是指投资引起的现金流入累计到与投资额相等所需的时间，代表收回投资所需的年限。回收年限越短，投资方案的流动性越好，风险越小。

投资回收期有包括建设期的投资回收期（记作 PP）和不包括建设期的投资回收期（记作 PP'）两种形式。包括建设期的投资回收期等于不包括建设期的投资回收期加上建设期（记作 S），即 $PP = PP' + S$。

使用投资回收期法进行决策必须有一个决策依据，但没有客观因素表明存在一个合适的截止期，可以使企业价值最大化。因此，投资回收期法没有相应的参照标准。通常，在不考虑其他评价指标的前提下，用小于或等于项目计算期的一半或基准回收期，作为判断投资项目是否具有财务可行性的标准。这一参照标准在一定意义上只是一种主观的臆断。

为了克服投资回收期法不考虑资金时间价值的缺陷，人们提出了折现投资回收期法。折现投资回收期又称动态投资回收期，是指在考虑资金时间价值的情况下以投资项目引起的现金流入量抵偿原始投资所需要的时间。

动态投资回收期出现以后，为了进行区分，将传统的投资回收期称为非折现投资回收期或静态投资回收期。

2. 会计收益率法

会计收益率法是使用会计收益率作为评价方案优劣指标的一种方法。会计收益率又称投资利润率，是年平均净收益占原始投资额的百分比。在计算时使用会计的收益、成本观念以及会计报表的利润数据，不直接使用现金流量信息。

与投资回收期一样，会计收益率指标没有一个客观的基准可以作为评判投资项目财务可行性的依据，因而通常以行业平均会计收益率或投资人要求的会计收益率作为基准。在不考虑其他评价指标的前提下，只有当会计收益率指标大于或等于基准会计收益率，投资项目才具有财务可行性。

（二）贴现评价方法

贴现的评价方法是指考虑资金时间价值的分析评价方法，亦被称为贴现现金流量分析技术，或动态分析法。常用的贴现评价方法主要包括净现值法、获利指数法和内含报酬率法等。

1. 净现值法

净现值法是使用净现值来评价方案优劣的一种方法。净现值（记作 *NPV*）是指特定方案在整个项目计算期内每年净现金流量现值的代数和，或者说是特定方案未来现金流入量的现值与未来现金流出量的现值之间的差额。

净现值法所依据的原理是：假设预计的现金流入在年末肯定可以实现，把原始投资看成按预定贴现率借入的。当净现值为正时，偿还本息后还有剩余的收益。净现值的经济意义是投资方案贴现后的净收益。

要计算投资项目的净现值，不仅需要知道与项目相关的现金流量，还必须确定贴现率。在通常情况下，采用企业要求的最低投资报酬率或资本成本作为投资项目预定的贴现率。

净现值是一个折现的绝对量正指标，是项目投资决策评价指标中最重要的指标之一。

净现值法考虑了资金的时间价值和整个项目寿命周期的现金流量，能反映投资项目在其计算期内的净收益。从理论上说，它比其他方法更完善，被誉为“理财的第一原则”，具有广泛的适用性。净现值法的缺点在于不能直接反映项目实际收益率水平，且当投资额不等时，无法用净现值确定独立方案的优劣。

按照这种方法，所有未来现金流入和流出都要按照预定的贴现率折算为现值，然后再计算它们的差额。如净现值为正数，即贴现后现金流入大于贴现后现金流出，该投资项目的报酬率大于预定的贴现率；如净现值为零，即贴现后现金流入等于贴现后现金流出，该投资项目的报酬率等于预定的贴现率；如净现值为负数，即贴现后现金流入小于贴现后现金流出，该投资项目的报酬率小于预定的贴现率。因此，只有当净现值大于等于 0，投资方案才具有财务可行性。

2. 获利指数法

获利指数法是根据获利指数来评价方案优劣的一种方法。获利指数（记作 *PI*），又称现值指数，是指未来现金流入量的现值与现金流出量的现值的比率，或者说是投产后各年净现金流量的现值之和除以原始投资的现值。

获利指数是一个贴现的相对量正指标。它从动态的角度反映了投资项目的资金投入与总产出之间的关系，可以进行独立投资机会获利能力的比较。但它与净现值一样，无法直接反映投资项目的投资收益率。

获利指数可以看成 1 元原始投资可望获得的现值净收益。它是一个相对数指标，反映的是投资的效率，而净现值指标是绝对数指标，反映的是投资的效益。只有当投资方案的获利指数大于或等于 1，说明其收益超过或等于成本，即投资报酬率超过或等于预定的贴现率，方案才具有财务可行性。

3. 内含报酬率法

内含报酬率法是根据方案本身的内含报酬率来评价方案优劣的一种方法。

内含报酬率（记作 *IRR*）又称内部收益率或内部报酬率，是指能够使未来现金流入量的现值等于未来现金流出量的现值的贴现率，或者说是使投资方案净现值为零的贴现率。

净现值和获利指数虽然考虑了资金的时间价值，可以说明投资方案高于或低于某一特定的投资报酬率，但没有揭示方案本身可以达到的实际报酬率水平。

内含报酬率是投资项目本身固有的最高可以实现的投资收益率。“固有”是指内含报酬率是投资项目的内生变量，本身不受资本市场利率的影响，而取决于投资项目本身所产生的现金流量，只要确定了预期现金流量，包括各期现金流量规模和持续时间，也就确定了内含报酬率。“最高”是指内含报酬率反映投资项目所能达到的真实收益率，为投资者提供了一个选择期望要求报酬率的上限，即投资者的要求报酬率不能超过投资项目的内含报酬率，否则将无法偿还资本成本。

内含报酬率是一个折现的相对量正指标。它从动态的角度直接反映了投资项目实际收益水平，计算不受设定贴现率的影响。其缺点主要是计算过程比较烦琐，而借助计算机用插入函数法又无法求得真实的内含报酬率。

只有当内含报酬率大于或等于资本成本或投资人要求的收益率，方案才具有财务可行性。

第三节　预算管理

预算管理是企业管理的重要组成部分，是企业实现总体战略目标的重要途径。当企业的总体战略目标确定后，要将其分解落实到生产部、人力资源部、销售部等各个职能部门，形成各职能部门的目标，然后再以预算的方式对既定目标进行量化。如生产部门的生产目标、销售部门的销售目标、管理部门的费用控制目标等都会在预算中用相应的预算指标确定下来。在企业每一阶段的生产经营过程中，都应以本阶段的预算指标作为控制的标准和绩效考核的依据，以确保企业战略目标的实现。随着经营规模的扩大和组织结构的复杂，面对瞬息万变的市场环境，如果事先不通过预算的形式对未来一定期间的经营活动进行规划和统筹安排，其经营结果将很难预料。

一、预算概述

（一）预算的类型

1. 根据内容的不同划分

根据内容的不同，企业预算可以分为业务预算、专门决策预算和财务预算。

业务预算是与企业日常的生产经营活动直接相关的经营业务的各种预算。它主要包括生产预算、销售预算、直接材料预算、直接人工预算、制造费用预算、产品成本预算、销售费用预算和管理费用预算等。

专门决策预算是企业预测在一定时期内不经常发生的、一次性的重要决策预算，主要包括经营决策预算和资本支出预算。经营决策预算是与企业生产决策、存货决策、投资决策、筹资决策、利润分配决策等短期经营决策密切相关的专门决策预算。资本支出预算是与项目投资决策密切相关的专门决策预算，主要根据经过审核批准的各个长期投资决策项目编制，并且需详细列出该项目在寿命周期内各个年度的现金流出量和现金流入量的明细资料。

财务预算是指反映企业在计划期内有关现金收支、财务状况和经营成果的预算，主要包括现金预算、预计资产负债表、预计利润表、预计现金流量表。财务预算作为全面预算的最后环节，能综合反映企业业务预算和专门决策预算的结果。也就是说，业务预算和专门决策预算可以用货币金额在财务预算中予以显示，因此，财务预算就成了各项业务预算和专门决策预算的整体计划，同时，财务预算在全面预算中占有举足轻重的地位。

2. 根据预算指标覆盖时间的长短划分

根据预算指标覆盖时间的长短，企业预算可分为长期预算和短期预算。

通常将预算期在 1 年以上的预算称为长期预算，预算期在 1 年以内（含 1 年）的预算称为短期预算。由于长期投资所需资金金额较大、影响期较长，因此长期预算编制的好坏会影响到一个企业的长期财务目标是否能如期实现，影响到企业今后若干年后的经济效益，同时会影响企业短期预算的编制。

预算的编制时间长短须根据预算的内容和实际需要制定，其单位可以是周、月、季、年等。在预算的编制过程中，往往应结合预算的特点，将长期预算和短期预算结合使用。一般来说，企业的业务预算和财务预算多为 1 年期的短期预算，年内再按季或月细分。

（二）预算的主要作用

企业财务管理的方法很多，但财务预算被认为是一个有效的管理模式，在企业经营管理中发挥着重大作用。一般认为，预算的作用主要表现在以下几个方面。

1. 有利于实现企业预期目标

通过预算可以控制企业经营活动过程，随时发现企业经营活动中出现的问题，并采取一定的措施进行补救，纠正不良偏差，通过有效方式实现企业预期目标。因此，预算具有规划、控制、引导企业经济活动有序进行，以最经济有效的方式实现预定目标的功能。

2. 有利于实现企业内部各部门之间的协调

在企业生产经营过程中，企业各个部门之间以及各部门与企业整体之间，存在着非常密切的联系，这些联系往往决定着企业整体利益与各部门及职工个人的利益，这就要求企业为了完成整体目标和任务，各部门之间必须紧密配合，相互协调，统筹兼顾，合理安排。各部门预算的综合平衡，能促使各部门管理人员清楚地了解本部门在全局中的地位和作用，尽可能地做好部门之间的协调工作。各部门之间只有协调一致，才能最大限度地实现企业整体目标最优化。如企业的生产部门、销售部门、财务部门等可以根据该部门具体情况制订出最合适的计划，但该计划在其他部门不一定能行得通。例如，生产部门编制了能充分利用现有生产能力的计划，但销售部门可能无力将这些产品销售出去；销售部门根据市场预测提出了一个庞大的销售计划，但生产部门可能没有足够的生产能力；生产部门和销售部门都认为企业应该扩大再生产，但财务部门却认为无法筹集所需资金。全面预算经过综合权衡后可以解决各部门之间的冲突，使各部门在此基础上分工协作。

3. 有利于企业开展业绩考核

预算作为企业财务活动的行为标准，使各项活动的执行有章可循。财务预算为考核各部门及员工工作业绩提供了依据。经过分解落实的预算规划目标能与部门、责任人的业绩考评结合起来，成为奖勤罚懒、评估优劣的准绳。企业可以定期或不定期地检查考评各部门所承担工作任务的完成情况，确保企业总体目标的实现。因此，企业各职能部门应根据全面预算要求，有目的、有步骤地安排日常工作，组织生产经营活动，把实际成果与预算目标相对比，分析差异产生的原因，并采取一定的措施解决问题，保质保量地完成任务。

4. 为企业提供战略支持

企业管理最为核心的是财务战略管理，它对企业未来的走向进行规划，具有前瞻性特征。财务预算本质上是对未来的一种管理，它通过规划未来的发展指导现在的实践，因而具有战略性，对企业战略起着全方位的支持作用。战略支持最充分的体现是在预算的动态性上，它通过滚动预算和弹性预算形式，将未来置于现实之中。财务预算在企业战略指导下，定量反映企业的经营方针和经营目标，详细列示出实现企业战略目标应采取的方法和措施，有利于企业各部门及职工了解整个企业的经营战略，从而为实现企业战略目标而共同奋斗。

5. 有利于提高员工的参与度和积极性

参与预算的制定不是单一部门或单一个人的管理行为，财务预算的制定过程涉及方方面面，涉及企业的各个部门及所有员工，那种将财务预算的制定视为部门管理或权威管理的想法是不对的。管理的对象是人，但管理的主体同样是人，要想调动全员的积极性，不能单凭一句口号，而必须付出实际行动。从管理实践来看，要想全方位调动员工的积极性，必须设定一个目标，然后围绕这个目标来激发和引导大家。因此，财务预算通过设置各项定量指标，使职工的需求与企业的目标挂钩，能充分调动员工的积极性，将企业管理作为人人自发的一种管理。

6. 有利于企业加强财务控制

预算是一种控制机制，它将预算主体与预算单位的行为调和到“自我约束”

和“自我激励”这一层面上。也就是说，预算可以作为一根“标杆”，使所有的预算执行主体知道自己的目标是什么，现在做得如何，如何努力完成预算，预算完成情况是如何与其自身绩效挂钩的，从而起到一种自我约束与自我激励相对等的作用。同时，对预算主体而言，有明确的依据进行考核，从而控制企业管理的运行过程，并保证结果的实现。从这一层面来看，财务预算对企业而言，既是对行为主体的行为过程控制，同时也是对其行为结果控制的一种机制。

二、预算编制的方法和程序

（一）预算编制的方法

企业财务预算的方法较多，常见的方法包括增量预算法与零基预算法、固定预算法与弹性预算法、定期预算与滚动预算法，这些方法可广泛应用于与企业营业活动有关预算的编制。

1. 增量预算法与零基预算法

（1）增量预算法。增量预算法是以基期成本费用为基础，结合预算期业务量水平及有关降低成本的措施，通过调整有关费用项目而编制预算的方法。增量预算法以过去发生的成本费用水平为基础，主张在原来的预算内容上不进行大幅调整。其缺陷是可能导致无效费用开支项目无法得到有效控制，因为保留原来的成本费用项目，可能使原来不合理的费用继续开支而得不到控制，导致预算上的浪费。

增量预算法的基本程序如下。

第一，将销售费用分解为固定费用和变动费用两部分。

第二，销售收入在一定范围内变动，固定费用项目的金额保持不变，而假定变动费用项目的金额和销售收入同比例变动。

第三，汇总各明细费用指标，确定销售费用预算总额。

（2）零基预算法。零基预算法的全称是“以零为基础的编制计划和预算的方法”，它不考虑以往会计期间发生的费用项目和费用支出水平，所有财务活动的预算支出都以零为基础，根据企业实际需要逐项审议预算期内各项费用的内容及开支标准是否必要、合理，在综合平衡的基础上编制费用预算。

零基预算法的基本程序如下。

第一，确定预算单位。预算单位是指要编制预算的基层单位。凡是能够确定成本、费用和效益的责任单位，都可以作为预算单位，零基预算的设计者对如何确定预算单位没有做出硬性要求。

第二，编制各基层预算单位费用预算方案。首先企业应提出总体的预算目标，然后基层预算单位根据企业的总目标和自身的责任目标，详细讨论预算期内需要发生的费用项目，并对每一费用项目具体说明费用开支的目的、作用和金额。

第三，成本效益分析。成立由企业董事长、总经理、总会计师等组成的预算管理委员会，并由该委员会对各项业务活动所需要的费用和所取得的收益进行比较分析，综合权衡各项业务的轻重缓急，判断各项费用支出的合理程度，确定等级，进行先后排序。

第四，分配资金，落实预算。企业根据预算项目的等级和先后顺序分配资金，落实预算，让有限的资金获得更大的收益。

第五，编制并执行预算。在资金分配方案确定后，再进行汇总，编制正式的预算方案，经批准后下达执行。执行预算的过程中遇到偏离预算的地方及时纠正，发现费用预算不合理的地方要及时修正。

零基预算法的优点是预算的编制不受现有费用项目的限制；不仅能压缩经费支出，而且能把有限的经费用到企业最需要的项目上；不受现行预算的束缚，能充分调动企业各级管理人员的工作积极性，促使各级预算部门精打细算，合理使用资金，提高资金的使用效率。其缺点是：由于一切支出均以零为起点进行分析，所以编制预算的工作量较大。有的企业每隔若干年进行一次零基预算，以后几年略作适当调整，这样既减少了预算编制的工作量，又能适当控制费用。

一般来说，学校或事业单位相对企业而言更适宜运用零基预算法控制经费。目前已有这方面的经验，如美国的斯坦福大学曾运用零基预算有效地削减了公共服务补助支出和多余人员的数量及其薪资支出。美国审计署认为，零基预算的概率是正确的，是能够执行的，并已经被成功地与某些组织的预算制度结合起来了。

2. 固定预算法与弹性预算法

（1）固定预算法。固定预算法又称静态预算法，是指在编制预算时，只把企业预算期的业务量（如生产量、销售量等）固定在某一可能实现的水平上，不考虑企业生产活动可能发生的变动因素而编制预算的方法。固定预算法只适用于业务量比较稳定的企业。

固定预算法的缺点表现在以下两个方面。一是适应性差。按固定预算法编制预算的业务量基础是事先假定的某一固定业务量，所以，不管预算期内业务量水平实际可能发生哪些变动，都只按事先确定的某一个业务量水平作为编制预算的基础。二是可比性差。当实际的业务量与编制预算的业务量发生较大差异时，有关预算指标的实际数与预算数就会因业务量基础不同而失去可比性。如某企业预计业务量为销售 10 万件产品，按此业务量给销售部门的预算费用为 1 万元。如果该销售部门实际销售量达到了 12 万件，超出了预算业务量，则固定预算下的费用预算仍为 1 万元。

随着产量的变动重新编制固定预算的做法，虽然便于考核，但由于产量变化比较频繁，这样预算编制的工作量很大。

（2）弹性预算法。弹性预算法又称变动预算法，是指在成本习性的基础上，考虑到预算期内业务量可能发生变动，编制出一套适合多种业务量的成本预算方法，以便反映在各种业务量的情况下所应支付的成本水平。根据成本性质的不同，将成本分为变动成本和固定成本。变动成本是指成本总额随着业务量变动而呈线性变动的那部分成本。属于变动成本的主要有直接材料、直接人工等。固定成本是指成本总额在一定时期和一定业务量范围内，不随业务量发生任何变动的那部分成本。属于固定成本的主要有管理人员工资、折旧费、办公费、利息费等。

弹性预算法一般适用于与预算执行单位业务量有关的成本、利润等预算项目。弹性预算的成本计算公式如下：

$$\text{成本总额} = \text{固定成本预算数} + \sum(\text{单位变动成本预算数} \times \text{预计业务量}) \quad (2\text{–}7)$$

成本的弹性预算编制完成后，就可以编制利润的弹性预算。利润的弹性预算反映了企业在预算期内各种业务水平上应该获得的利润指标。

弹性预算法的优点在于：一方面，能够适应企业不同经营活动的变化，扩大了预算的范围，能更好地发挥预算的控制作用，避免在实际情况发生变化时，对预算进行频繁修改；另一方面，能够客观地对预算的实际执行情况进行评价和考核。

3. 定期预算法与滚动预算法

（1）定期预算法。定期预算法是以不变的会计期间（如会计年度、半年度、季度、月度）作为预算期的一种编制预算的方法。企业在采用固定预算法、弹性预算法、增量预算法、零基预算法等预算编制方法编制预算时，通常都是以不变的会计期间作为预算期，因此都可以称为定期预算法。

定期预算法的优点是能够使预算期间与会计期间保持一致，便于将实际数据与预算数据进行比较，有利于对预算执行情况进行客观的评价和考核。

定期预算法的缺点主要有以下三点。一是盲目性大。定期预算一般在预算年度开始前两三个月开始编制，预算编制部门难以预测年度的生产经营活动，尤其是对预算年度后期的预算，往往只能进行大致的估算，这就导致预算执行难度较大。二是连续性较差。企业的生产经营活动是连续不断的，但是采用定期预算法编制一个会计期间的预算时，很少考虑前后各期之间生产经营活动的连续性，容易造成这个预算期间预算衔接的难度。三是容易导致企业的短期行为。采用定期预算法编制的预算没有考虑本预算期以后的企业利益，容易导致企业各级管理人员为了完成本期预算目标而不惜一切代价做出损害企业长远利益的短期行为。

（2）滚动预算法。滚动预算法是指随着时间的推移和预算的执行，预算期间不断向后滚动延伸，预算内容不断进行调整补充，使预算期始终保持在一个固定期间的一种编制预算的方法。滚动预算法的基本做法是使预算期始终保持在某一固定期间（如 1 年、1 个季度、1 个月），通常是 1 个月。当年度预算编制完成后，每过去 1 个季度或 1 个月，就需要立即在期末增加 1 个季度或 1 个月的预算，逐期往后滚动，因而在任何一个时期都使预算保持为 1 年的时间长度。这种预算方法使企业各级管理人员对未来始终保持 1 年时间的考虑和规划，从而保证企业的经营管理工作能够稳定有序地进行。

（二）预算编制的基本程序

企业应当设立预算管理委员会履行全面预算管理职责，其成员由企业负责人及内部相关部门负责人组成。预算管理委员会主要负责拟定预算目标和预算政策，制定预算管理的具体措施和办法，组织编制、平衡预算草案，下达经批准的预算，协调解决预算编制和执行中的问题，考核预算执行情况，督促完成预算目标。预算管理委员会下设预算管理工作机构，由其履行日常管理职责。预算管理工作机构一般设在财会部门。总会计师或分管会计工作的负责人应当协助企业负责人负责企业全面预算管理工作的组织领导。企业编制预算一般应按照“上下结合、分级编制、逐级汇总”的原则进行。

（1）下达目标。企业董事会或总经理办公会根据企业发展战略和预期经济形势的初步预测，在决策的基础上，提出下一年度的预算目标，包括销售或营业目标、成本费用目标、利润目标和现金流量目标，并确定预算编制的政策，由预算管理委员会下达至各预算执行单位。

（2）编制上报。各预算执行单位按照企业预算管理委员会下达的预算目标和政策，结合自身特点以及预测的执行条件，提出详细的本单位的预算方案，上报企业财会部门。

（3）审查平衡。企业财会部门对各预算执行单位上报的财务预算方案进行审查、汇总，提出综合平衡的建议。在审查、平衡过程中，预算管理委员会应当进行充分协调，对发现的问题提出初步调整意见，并反馈给有关预算执行单位予以修正。

（4）审议批准。企业财会部门在有关预算执行单位修正调整的基础上，编制出企业预算方案，报预算管理委员会讨论。对于不符合企业发展战略或预算目标的事项，企业预算管理委员会应责成有关预算执行单位进一步修订、调整。在讨论、调整的基础上，企业财会部门正式编制企业年度预算草案，提交董事会或总经理办公会审议批准。

（5）下达执行。企业财会部门对董事会或总经理办公会审议批准的年度总预算，一般在次年3月底之前，分解成一系列的指标体系，由预算管理委员会逐级下达至各预算执行单位执行。

三、预算的执行、调整和考核

（一）预算的执行

企业全面预算一经批准下达，各预算执行单位应当认真组织实施，将预算指标层层分解，从横向和纵向落实到企业各部门、各环节和各岗位，形成全方位的预算执行责任体系。

企业应当以年度预算作为组织、协调各项生产经营活动的基本依据，将年度预算细分为季度、月度预算，通过实施分期预算控制，实现年度预算目标。

企业应当根据全面预算管理要求，组织各项生产经营活动和投融资活动。

企业应当加强资金收付业务的预算控制，及时组织资金收入，严格控制资金支付，调节资金收付平衡，防范支付风险。对于超预算或预算外的资金支付，应当实行严格的审批制度。

企业办理采购与付款、销售与收款、成本费用、工程项目、对外投融资、研究与开发、信息系统、人力资源、安全环保、资产购置与维护等业务和事项，均应符合预算要求。涉及生产过程和成本费用的，还应执行相关计划和定额、定率标准。

企业应当严格执行销售、生产和成本费用预算，努力完成利润指标。在日常控制中，企业应当健全凭证记录，完善各项管理规章制度，严格执行生产经营月度计划和成本费用的定额、定率标准，加强适时控制。对预算执行过程中出现的异常情况，企业有关部门应及时查明原因，提出解决办法。

企业应当建立预算报告制度，要求各预算单位定期报告预算的执行情况。对预算执行过程中发现的新问题、新情况及出现偏差较大的重大项目，企业财务管理部门以至预算管理委员会应当责成有关预算执行单位查找原因，提出改进经营管理的措施和建议。

企业预算管理工作机构应当加强与各预算执行单位的沟通，运用财务信息和其他相关资料监控预算执行情况，采用恰当方式及时向决策机构和各预算执行单位报告、反馈预算执行进度、执行差异及其对预算目标的影响，促进企业全面预算目标的实现。

（二）预算的调整要求

企业已正式下达执行的预算，一般不予调整。如果预算执行单位在执行中由于市场环境、经营条件、政策法规等发生重大变化，致使预算的编制基础不成立，或者可能导致预算执行结果产生重大偏差的，可以调整预算。

企业应当建立内部弹性预算制度，对于不影响预算目标的业务预算、专门决策预算，企业可以按照内部授权批准制度执行，鼓励预算执行单位及时采取有效的经营管理对策，保证预算目标的实现。

企业调整预算，应当由预算执行单位逐级向企业预算管理委员会提出书面报告，书面报告中要明确说明预算执行的具体情况、客观因素变化情况及其对预算执行造成的影响程度，并提出预算指标的调整幅度。

企业财务管理部门应当对预算执行单位的预算调整报告进行审核，集中编制企业年度预算调整方案，提交预算管理委员会以至企业董事会或总经理办公会审议批准，然后下达执行。

对于预算执行单位提出的预算调整事项，企业进行决策时，一般应遵循以下原则：第一，预算调整事项不能偏离企业发展战略；第二，预算调整方案应该在经济上实现最优化；第三，预算调整重点应当放在预算执行中出现的重要的、非正常的、不符合常规的关键性差异方面。

（三）预算的分析与考核

企业应当建立预算分析制度，由预算管理委员会定期召开预算执行分析会议，全面掌握预算的执行情况，研究和解决预算执行中存在的问题，纠正预算的执行偏差。

企业管理部门及各预算执行单位应当充分收集有关财务、市场、政策、法律等方面的信息资料，根据不同情况分别采用比率分析、比较分析、因素分析、平衡分析等方法开展预算执行分析，从定量和定性两个层面充分反映预算执行单位的现状、发展趋势及其存在的潜力。

对于预算执行过程中存在的偏差，企业财务管理部门及各预算执行单位应充分、客观地分析产生的原因，并提出相应的解决措施，提交董事会或总经理办公会研究决定。

企业预算管理委员会应定期组织预算审计，纠正预算执行中存在的问题，充分发挥内部审计的监督作用，维护预算管理的严肃性。

预算审计可以采用全面审计或抽样审计，在特殊情况下，企业也可以组织不定期的专项审计。审计工作结束后，由企业内部审计机构根据审计情况形成审计报告，直接提交给预算管理委员会以至企业董事会或总经理办公会，作为调整预算、改进内部经营管理和财务考核的一项重要参考依据。

预算年度结束后，预算管理委员会应向董事会或总经理办公会报告预算执行情况，并根据预算完成情况和预算审计情况对预算执行单位进行考核。

企业内部预算执行单位上报的预算执行报告，应经本部门、本单位负责人按照内部规范审议通过，作为企业进行财务考核的基本依据。企业预算按调整后的预算执行，预算完成情况以企业年度财务会计报告为准。

企业预算执行考核是企业绩效评价的主要内容，应当结合年度内部经济责任制进行考核，与预算执行单位负责人的奖惩挂钩，并作为企业内部人力资源管理的参考。

第四节　营运资金管理

一、营运资金概述

营运资金有广义和狭义之分。广义的营运资金又称总营运资金，是指一个企业投放在流动资产上的资金，包括现金、有价证券、应收账款、存货等占用的资金。狭义的营运资金也叫净营运资金，是指流动资产减去流动负债后的差额。营运资金的管理既包括流动资产的管理，也包括流动负债的管理。

（一）营运资金的特点

要想有效地管理企业的营运资金，就必须把握营运资金的特点，以便开展针对性的管理。营运资金一般具有以下特点。

1. 营运资金周转期短

企业占用在流动资产上的资金周转期较短，通常是在 1 年或超过 1 年的一个营业周期内收回。根据这一特点，企业可以采用短期的筹资方式解决对营运资金的需求，如利用短期借款、商业信用等筹资方式提供营运资金。

2. 营运资金占用形态变动性大

营运资金每次循环都要经过采购、生产、销售等过程。例如，先用现金购买原材料，再投入生产形成在产品和产成品，然后销售产品形成应收账款，最后收回应收账款得到现金。可见在这个循环过程中，营运资金的占用形态是不断变化的。为此，企业有必要在不同形态的流动资产上合理配置资金，以保障资金循环周转的顺利进行。

3. 营运资金占用数量波动性强

营运资金占用的数量会随着企业内外经营条件的变化而变化，时高时低，波动很大。特别是季节性生产的企业，其营运资金的占用数量在不同季节之间的波动更加明显。一般而言，在营运资金的波动过程中，流动负债和流动资产的变动方向是相同的。例如，随着销售的增加，存货和应收账款等流动资产的资金占用会增加，同时，应付账款等自发性流动负债也会增加。根据营运资金占用数量波动性强的特点，企业应事先预计不同时期营运资金的需求量，及时筹措所需要的营运资金，合理调整不同时期的营运资金占用量。

4. 营运资金变现能力强

交易性金融资产、应收账款和存货等流动资产一般具有较强的变现能力，当企业遭遇意外情况而出现现金短缺、资金周转不灵时，可以迅速变卖这些流动资产，获取所需要的现金，帮助企业渡过难关。因此，持有适当的流动资产对企业应对临时性的资金需求具有重要的意义。企业应该根据营运资金变现能力强的特点，合理配置资产结构，保留适当比例的流动资产。

5. 营运资金来源灵活多样

企业筹集长期资金的方式一般包括吸收直接投资、发行股票、发行债券等方式。与此相比，企业筹集营运资金的方式更加灵活多样，通常包括短期借款、短期融资券、商业信用、应交税费、应付股利、应付职工薪酬等多种内、外部融资方式。企业应该根据营运资金来源灵活多样的特点，根据筹资需求选择最合适的筹资方式。

（二）营运资金管理的原则

1. 满足合理的资金需求

企业营运资金的需求数量与企业生产经营活动有直接关系。一般情况下，当企业产销两旺时，流动资产会不断增加，流动负债也会相应增加，而当企业产销量不断减少时，流动资产和流动负债也会相应减少。企业财务人员应以满足正常合理的资金需求作为首要任务，认真分析生产经营状况，采用一定的方法预测营运资金的需要数量，并及时筹措、安排所需要的营运资金。

2. 提高资金使用效率

营运资金的周转是指企业的营运资金从现金投入生产经营开始，到最终转化为现金的过程。提高营运资金使用效率的关键就是采取有力措施，缩短营业周期，加速变现过程，加快营运资金周转。企业应在成本效益分析的基础上千方百计加速存货、应收账款等流动资产的周转，以使用有限的资金服务于更大的产业规模，为企业取得更优的经济效益提供条件。

3. 节约资金使用成本

在营运资金管理中，必须正确处理保证生产经营需要和节约资金使用成本之间的关系。要在保证生产经营需要的前提下，尽量降低资金使用成本。一方面，要挖掘资金潜力，加速资金周转，精打细算地使用资金；另一方面，要积极拓宽融资渠道，合理配置资源，筹措低成本资金，服务于生产经营。

4. 保持足够的短期偿债能力

偿债能力是企业财务风险高低的标志之一。合理安排流动资产与流动负债的比例关系，保持流动资产结构与流动负债结构的适配性，保证企业有足够的短期偿债能力，是营运资金管理的重要原则。流动负债是在短期内需要偿还的债务，而流动资产则是在短期内可以转化为现金的资产，两者之间的关系能较好地反映企业的短期偿债能力。如果一个企业的流动资产比较多，流动负债比较少，说明企业的短期偿债能力较强；反之，则说明短期偿债能力较弱。但如果企业的流动资产太多，流动负债太少，也不是正常现象，可能是企业流动资产闲置或流动负债利用不足而导致的。

企业需要遵循上述营运资金管理原则，评估营运资金管理中的风险和收益，制定流动资产投资策略和融资策略，对企业该拥有多少流动资产以及如何获取流动资产融资进行决策。实践中，这两方面的决策往往同时开展并且相互影响。

二、现金管理

现金有狭义和广义之分。狭义的现金是指企业的库存现金；广义的现金是指以货币形态存在的资金，包括库存现金、银行存款和其他货币资金。这里所讲的现金是指广义的现金。

现金是流动资产中流动性最强的资产，拥有较多的现金，企业就具有较强的偿债能力和抗风险能力。但现金的收益性最弱，即使是银行存款，其利率也是很低的，因此，现金的持有量并不是越多越好。因此，企业现金管理的目标是要在现金的流动性和收益性之间进行权衡，在确保必要的资产流动性的同时，降低现金持有量，提高现金的使用效率。

（一）持有现金的动机

企业持有现金主要是出于以下三方面的动机：交易动机、预防动机和投机动机。

1. 交易动机

交易动机又称支付动机，是指企业为满足正常生产经营活动中的各种支付需要而持有的现金，包括为购买原材料、支付工资、上缴税收等日常支出而持有的现金，这是企业持有现金的主要动机。企业日常生产经营中会发生很多支出和收入，这些支出和收入很少同时等额发生，因此，企业保留适当的现金余额是很有必要的，以避免企业在现金收支不平衡时，中断正常的生产经营活动。

2. 预防动机

预防动机是指企业为应对突发事件需要保持一定数量的现金。这种突发事件包括自然灾害、生产事故、未能及时收回货款等。预防性现金量的多少主要取决于以下三个方面：一是企业现金流量预测的可靠性，二是企业临时举债能力的强弱，三是企业愿意承担现金短缺风险的程度。一般而言，现金流量预测的可靠性较高，临时举债能力较强，愿意承担现金短缺风险的程度较高的企业，其预防动机的现金持有量较低。

3. 投机动机

投机动机是指为抓住突然出现的获利机会而持有的现金。如抓住市场廉价供给原材料或其他资产的机会，或抓住机会以较低价格购进预计上涨的有价证券等。这种获利机会通常稍纵即逝，如果企业没有用于投机的现金，就会错过这种机会。通常，投机动机不是生产型企业的主要现金持有动机。

企业的现金持有量一般应小于以上三种动机下的现金持有量之和，因为三种动机的现金持有量可以在一定程度上调剂使用。

（二）确定目标现金持有量的模式

1. 现金周转期模式

现金周转期模式是利用现金周转期求得最佳现金持有量。现金周转期是指从现金投入生产经营开始，到最终转化为现金为止所经历的时间。它大致包括以下三个部分：一是存货周转期，即将原材料转化为产成品并出售所需要的时间；二是应收账款周转期，也叫收现期，即从产品销售形成应收账款到收回现金所需要的时间；三是应付账款周转期，即从收到尚未付款的原材料开始到实际支付价款时所用的时间。

现金周转期模式确定最佳现金持有量的步骤如下。

第一，计算现金周转期。其计算公式为：

现金周转期 = 平均存货周转期 + 平均应收账款周转期 – 平均应付账款周转期　（2–8）

第二，计算现金周转率。现金周转率是指一定时期内现金的周转次数。若计算某一年的现金周转率，其计算公式如下：

$$现金周转率 = \frac{360}{现金周转期} \tag{2-9}$$

第三，计算最佳现金持有量。其计算公式如下：

$$某年最佳现金持有量 = \frac{该年预计现金总需要量}{现金周转率} \tag{2-10}$$

2. 成本分析模式

成本分析模式考虑持有现金所发生的机会成本、管理成本和短缺成本。

（1）机会成本。持有现金的机会成本是指因为持有一定量现金所丧失的再投资收益，即因为持有现金不能将其用于有价证券投资而产生的机会成本，在数额上通常视同为持有现金的资金成本。例如，一个企业的资本成本为 10%，年均持有现金 100 万元，则该企业每年持有现金的机会成本为 10（100×10%）万元。在资本成本率既定的条件下，持有现金的机会成本与现金持有量成正比，是一种变动成本。

（2）管理成本。持有现金的管理成本是指企业因为持有一定量的现金而发生的管理费用，比如现金管理人员的工资、现金安全保护措施所发生的费用等。通常认为在一定的持有量范围内，持有现金的管理成本不会随持有量的变化而变化，是一种固定成本。

（3）短缺成本。持有现金的短缺成本是指企业因为现金持有量不足且又无法及时通过有价证券变现加以补充而给企业造成的损失。例如，由于现金短缺而无法购进急需的原材料，使企业的生产经营中断而给企业造成的损失；又如，由于现金短缺无法按时支付货款而造成的信用损失。持有现金的短缺成本与现金持有量之间成负相关关系，其发生额随现金持有量的增加而下降，随现金持有量的减少而上升。

在成本分析模式下，最佳现金持有量是能使机会成本、管理成本和短缺成本的总和达到最小的持有量。其中，管理成本在现金持有量发生变动时保持不变，机会成本随持有量正相关变动，短缺成本随持有量负相关变动，三者总和即总成本达到最低时，所对应的现金持有量为最佳持有量。

3. 存货模式

存货模式借鉴存货经济订货批量模型来确定最佳现金持有量。和成本分析模式类似，存货模式确定最佳现金持有量也要使相关总成本达到最低，但两者考虑的相关成本的内容不同。存货模式认为，持有现金的管理成本因为比较稳定，与持有量关系不大，是固定成本，因此可以视为决策的无关成本而不需要考虑。此外，由于现金是否会发生短缺、短缺多少、概率多大以及各种短缺情形发生时可能的损失如何，都存在很大的不确定性并且计量困难，所以存货模式不考虑短缺成本。

存货模式下只考虑机会成本和转换成本。其中，转换成本是指企业用现金购入有价证券以及用有价证券换取现金时付出的交易费用，即现金同有价证券之间相互转换的成本，如买卖佣金、手续费、证券过户费、印花税等。转换成本可以分为两类：一是与委托转换的金额相关的费用，如买卖佣金、印花税等，这部分转换成本从某个预算期间（如 1 年）来看是固定不变的，是一种固定成本，因为委托转换的总额是可预计的、视为常数的预算期现金总需要量；二是与委托金额无关而与转换次数有关的费用，如委托手续费、过户费等，这部分转换成本每次发生额固定不变，但整个预算期内的发生总额与预算期内的转换次数成正比，所以是一种变动成本。由于固定转换成本固定不变，与决策无关，所以存货模式下考虑的转换成本是相关的变动转换成本。在预计现金总需要量不变的条件下，现金持有量越高，每次委托转换的金额越大，预算期内转换的次数就越少，变动转换成本就越低。

存货模式确定最佳现金持有量时的基本假设有：①企业所需现金可确保在需要时通过有价证券能够变现取得；②企业预算期内的现金总需要量可以预计；③现金支出过程均衡、稳定；④有价证券的投资报酬率以及每次转换发生的固定交易费用稳定、可知。

4. 随机模式

随机模式认为企业现金流量存在不确定性，在确定企业目标现金持有量时，必须充分考虑这种不确定性。该模式假定企业每日现金流量的分布接近于正态分布，每日现金流量可能高于也可能低于期望值，其变化是随机的。由于现金流量波动是随机的，只能对现金持有量确定一个控制区域，定出上限和下限。当企业现金余额在上下限之间波动时，表明企业的现金持有量处于合理的水平，不需要在现金和有价证券之间进行转换调整。当企业现金余额达到上限时，则将部分现金用于购买有价证券，使现金持有量下降；当现金余额达到下限时，则变卖部分有价证券，使现金持有量回升。

（三）现金收支管理工作要点

现金收支管理的目的在于提高现金使用效率，为达到这一目的，应做好以下几个方面的工作。

1. 尽量做到现金流量同步

如果企业能做到现金流量同步，使企业的现金流入与现金流出在数量和时间上趋于一致，就可以使其所持有的交易性动机的现金余额降至最低水平。

2. 合理使用现金浮游量

现金的浮游量是指企业账户上的现金余额与银行账户上所示的企业存款余额之间的差额。从企业开出支票，收款人收到支票存入银行，至银行将款项划出企业账户，支票金额对应的现金在这段时间里的占用即为现金浮游量。现金浮游量是企业已付，银行未付的款项，尽管企业已经开出了支票，但仍可在活期存款账户上动用这笔资金。需要注意的是，企业利用现金浮游量必须控制好时间，以免发生透支现象。

3. 加速收款

加速收款主要是指缩短应收账款周转期。发生应收账款会增加企业资金的占用，但它又是必要的，因为它可以扩大销售规模，增加销售收入。关键是要做到利用应收账款吸引客户，同时还要想办法缩短收款时间。为此，企业需要权衡确定合理的收账政策。此外，企业想办法尽量缩短从客户开出支票到将支票送交银行办理结算的时间，也能起到加速收款的作用。

4. 推迟应付款项的支付

推迟应付款项的支付是指企业在不影响自身信誉的条件下，充分利用供货方提供的信用优惠，尽可能地推迟应付款的支付期。如果急需现金，企业甚至可以放弃供货方的现金折扣优惠，在信用期的最后一天支付款项。当然，放弃现金折扣的成本是很高的，需要权衡利弊得失定夺。

三、应收账款管理

（一）应收账款管理的目标

应收账款从其产生过程来看主要有两个原因。其一，适应商业竞争的需要。在竞争机制的作用下，迫使企业以各种手段扩大销售。除了依靠产品质量、价格、售后服务、广告等之外，企业实施赊销策略也是扩大销售的手段之一。企业为适应竞争的需要采用赊销方式而形成的应收账款是一种商业信用，是应收账款发生的主要原因。其二，企业销售和收款上的时间差。就一般批发和大量生产的企业而言，发货的时间和收到货款的时间往往不同，作为销售方的企业承担由此产生的资金垫支，形成应收账款。由于销售和收款上的时间差造成的应收账款不属于商业信用，也不是应收账款管理的主要对象。

应收账款具有两面性：一方面，企业通过提供商业信用，采取赊销、分期付款等销售方式，可以扩大销售收入，降低存货，增加利润；另一方面，较高的应收账款会导致较高的相关成本发生。同时，较高的应收账款会导致较高的资金占用，从而会影响企业资金的流动性和资金的利用效率。因此，应收账款的管理目标在于：在通过应收账款管理扩大销售收入、提高竞争能力的同时，应尽可能地控制应收账款相关成本，并提高应收账款的流动性。

（二）应收账款的成本

应收账款的成本主要包括机会成本、管理成本和坏账成本。

1. 机会成本

应收账款的机会成本是指因资金投放在应收账款上而丧失的其他投资收益。应收账款会占用企业一定量的资金，而企业如果不把这部分资金投放于应收账款，便可以用于其他投资并可能获得收益，例如，可以投资债券获得利息收入。

应收账款的机会成本并不是实际发生的成本。应收账款的机会成本可按以下公式计算：

$$应收账款机会成本 = 维持赊销业务所需要的资金 \times 资本成本 \quad (2-11)$$

维持赊销业务所需要的资金计算公式为：

$$维持赊销业务所需要的资金 = 应收账款平均余额 \times 变动成本率 \quad (2-12)$$

其中：

$$应收账款平均余额 = \frac{年赊销额}{360} \times 平均收现期 \quad (2-13)$$

2. 管理成本

应收账款的管理成本是指企业为管理应收账款而发生的开支，是从应收账款发生到收回期间所有与应收账款管理系统运行有关的费用，主要包括调查客户信用状况的费用、收集信用信息的费用、应收账款簿记费用、收账费用和相关管理人员成本。当应收账款的规模属于某个特定范围时，其管理成本一般比较稳定，可视为固定成本。当应收账款的规模脱离某个特定范围后，其管理成本将跳跃到一个新的水平再继续保持一种固定成本的属性。

3. 坏账成本

应收账款的坏账成本是指应收账款因故不能收回而给企业带来的损失。坏账成本的高低与客户的信用状况有直接关系，且与企业的管理水平相关。企业管理水平越高，对客户信用状况的调查越全面、越仔细，对客户的监督和催讨越有力，则坏账损失发生额就越低。坏账成本的测算一般是通过坏账损失率与赊销收入相乘得到：

$$坏账成本 = 年赊销额 \times 坏账损失率 \quad (2-14)$$

（三）应收账款的日常管理

应收账款管理难度较大，需要在平时做好客户信用调查、客户信用评估、应收账款的追踪分析及应收账款的保理等工作。

1. 客户信用调查

信用调查是指收集和整理反映客户信用状况的有关资料的工作，它是正确评价客户信用的前提条件，是企业应收账款日常的基础。客户的信用调查一般有以下途径。

（1）直接调查。直接调查是指调查人员通过与被调查单位进行直接接触，通过当面询问、观看等方式获取信用资料的方法。直接调查有利于企业快速、直接地获取所需要的信息，但直接调查获得的资料基本上是感性的资料，而且被调查单位有可能抵触调查或隐瞒对自己不利的信息。

（2）间接调查。间接调查是以被调查单位及其他单位保存的有关原始记录和核算资料为基础，通过加工整理获得被调查单位信用资料的一种方法。这些资料主要来自以下几个方面。

①财务报表。通过财务报表分析，可以基本掌握一个企业的财务状况和信用状况。

②信用评估机构。因为评估方法先进，评估调查细致，评估程序合理，所以专门的信用评估部门可信度较高。在我国，目前的信用评估机构有三种形式：第一种是独立的社会评级机构，它们根据自身的业务需要吸收有关专家参加，不受行政干预和集团利益的牵制，独立自主地开办信用评估业务；第二种是政策性银行、政策性保险公司负责组织的评估机构，一般由政策性银行、政策性保险公司的有关人员和各部门专家进行评估；第三种是由商业银行、商业性保险公司组织的评估机构，由商业性银行、商业性保险公司组织专家对其客户进行评估。

③银行。银行是信用资料的一个重要来源，许多银行都设有信用部，为其顾客服务，并负责对其顾客信用状况进行记录、评估。但银行的资料一般仅愿意在内部及同行间进行交流，而不愿向其他单位提供。

④其他途径。如财税部门、市场管理部门、消费者协会等机构都可能提供相关的信用状况资料。

2. 客户信用评估

收集好客户信用资料以后，就需要对这些资料进行分析、评价。企业一般采用“5C”系统来评价，并对客户信用进行等级划分。在信用等级方面，目前主要有两种。一种是三类九等，即将企业的信用状况分为A、B、C三类，以及

AAA、AA、A、BBB、BB、B、CCC、CC、C 九等，其中 AAA 为信用最优等级，C 为信用最低等级。另一种是三级制，即分为 AAA、AA、A 三个信用等级。

3. 应收账款的追踪分析

为了按期足额收回应收账款，企业有必要对其应收账款进行追踪分析。

（1）应收账款账龄分析。应收账款账龄分析是对应收账款账龄结构的分析，是指企业在某一时刻，将所发生在外各笔应收账款按照开票日期进行归类，计算出不同账龄的应收账款占总额的比重。

（2）应收账款收现保证率分析。应收账款收现保证率是为了适应企业现金收支匹配关系的需要，确定出的有效收现的账款应占全部应收账款的百分比，是两者应当保持的最低比例。其计算公式为：

$$\text{某期应收账款收现保证率}=\frac{\text{当期必要现金支付总额}-\text{当期其他稳定可靠的现金流入总额}}{\text{当期应收账款总额}}\times 100\% \quad (2\text{-}15)$$

应收账款收现保证率指标反映了企业既定会计期间预期现金支付总额扣除各种可靠、稳定的现金来源后，必须通过应收账款有效收现予以弥补的最低保证程度，是企业控制应收账款收现水平的基本依据。

4. 应收账款的保理

保理又称托收保付，是指卖方（供应商或出口商）与保理商间存在的一种契约关系。根据契约，卖方将其现在或将来的基于其与买方（债务人）订立的货物销售（服务）合同所产生的应收账款转让给保理商，由保理商提供下列服务中的至少两项：贸易融资、销售账户管理、应收账款的催收、信用风险控制与坏账担保。可见，保理是一项综合性的金融服务方式，其同单纯的融资或收账管理有较大区别。

应收账款保理是企业将赊销形成的未到期应收账款，在满足一定条件的情况下转让给保理商，以获得流动资金，加快资金的周转。保理可以分为有追索权保理（非买断型）和无追索权保理（买断型）、明保理和暗保理、折扣保理和到期保理。

有追索权保理是指供应商将债权转让给保理商，供应商向保理商融通货币资金后，如果购货商拒绝付款或无力付款，保理商有权向供应商要求偿还预付的货币资金，如购货商破产或无力支付，只要有关款项到期未能收回，保理商都有权向供应商进行追索，因而保理商具有全部追索权。这种保理方式在我国采用较多。无追索权保理是指保理商将销售合同完全买断，并承担全部的收款风险。

明保理是指保理商和供应商需要将销售合同被转让的情况通知购货商，并签订保理商、供应商、购货商之间的三方合同。暗保理是指供应商为了避免让客户知道自己因流动资金不足而转让应收账款，并不将债权转让情况通知客户。

折扣保理又称为融资保理，即在销售合同到期前，保理商将剩余未收款部分先预付给销售商，一般不超过全部合同额的 70% ~ 90%。到期保理是指保理商并不提供预付账款融资，而是在赊销到期时才支付，届时不管货款是否收到，保理商都必须向销售商支付货款。

应收账款保理对企业而言，其财务管理作用主要体现在以下四个方面。第一，融资功能。应收账款保理，其实质是利用未到期应收账款这种流动资产作为抵押进行融资。对于规模小、销售业务量少的企业来说，利用保理业务进行融资是一种较便利的选择。第二，减轻应收账款的管理负担。面对市场的激烈竞争，企业可以选择把应收账款转让给专门的保理商进行管理，使企业从应收账款的管理之中解脱出来。第三，减少坏账损失、降低经营风险。企业可以利用买断型保理，将全部的收款风险转由保理商承担，从而有效地减少坏账损失。第四，增强销售能力。由于企业有能力利用应收账款保理融资，企业会对采购商的付款期限做出较大让步，从而大大增加了销售合同成功签订的可能性，拓宽了企业的销售渠道。

四、存货管理

存货是指企业在生产经营过程中为生产或销售而储备的物质，包括原材料、在产品、半成品、产成品等。存货是联系产品的生产和销售的重要环节，存货控制或管理效率的高低，直接反映并决定着企业收益、风险、流动性的综合水平，而且对大多数企业来说，存货在营运资金中往往占有较大的比重。因此，存货管理是企业财务管理的一项重要内容。

（一）存货的功能表现

存货的功能是指存货在生产经营过程中的作用，具体表现在以下四个方面。

1. 保证生产经营活动正常开展

生产过程中所需要的原材料，是生产中必需的物质资料。企业为了保证生产顺利进行，需要适当储备一些生产所需的原材料存货，从而能有效防止停工待料事件的发生，维持生产的连续性。

2. 适应市场需求变化

由于市场的需求处于变化之中，一旦市场需求下降，会导致企业的库存积压，而市场需求上升，则会导致存货不足，企业白白丧失获利的机会。适当储备存货能增强企业在生产和销售方面的机动性以及适应市场变化的能力。

3. 便于均衡组织生产

对于企业所生产的季节性产品，其生产所需的材料往往具有季节性，供应量和价格在不同季节波动很大。因此，企业为了实现均衡生产、降低生产成本，就必须适当储备一定的原材料存货。

4. 可以降低进货成本

很多企业为扩大销售规模而提供商业折扣，即客户购货达到一定数量时，企业便在价格上给予其相应的折扣优惠。为了获得商业折扣，企业往往需要批量集中进货，由此增加了企业的存货。反过来看，便是存货可以降低进货成本。此外，在采购总量不变的前提下，增加每次购货数量会减少购货次数，可以降低采购费用支出，同时带来存货的增加，这也体现出存货可以降低进货成本的功能。

（二）存货管理的目标

企业持有充足的存货，不仅有利于生产过程的顺利进行，节约采购费用与生产时间，而且能够适应市场变化迅速满足客户的各种订货要求，从而为企业的生产和销售提供较大的机动性，避免因为存货不足带来的机会损失。但存货的增加必然要占用更多的资金，这会使企业付出更大的持有成本或机会成本，而且存货的储存成本也会增加，影响企业获利能力的提高。因此，存货管理需要权衡存货所带来的收益和增加的成本，其目标是要在充分发挥存货功能的基础上，合理控制存货水平，提高资金流动性，降低存货成本。

（三）存货日常管理

存货日常管理是营运资金管理的一个重要方面，搞好存货日常管理，对于改善企业生产经营活动，提高流动资金利用效果具有重要的意义。

1. ABC 管理

ABC 管理法又称重点管理法。它是根据一定的标准对事物进行分类，分清重点和一般，区别对待实施管理的一种管理方法。其基本原理，可概括为“区别主次，分类管理”。存货 ABC 管理是将企业各种存货按重要性程度分为 A、B、C 三类，分别实行按品种重点管理、按类别一般控制和按总额灵活掌握。

进行存货分类的标准有两个：一是金额标准，二是数量标准。其中金额标准是主要的，数量标准只作为参考。A 类存货的特点是金额大，品种数量少；B 类存货的特点是金额和数量水平均为一般；C 类存货的特点是金额小，但品种数量繁多。一般而言，三类存货的金额比重大致为 A : B : C = 7 : 2 : 1；品种数量比重大致为 A : B : C = 1 : 2 : 7。

对 A 类存货，企业应按每一个品种进行管理，严格控制，经常检查库存，认真确定其消耗定额、经济订货量等指标。对 C 类存货，企业可以采用简化的控制方式进行管理，一般只要把握一个总金额就可以了。对 B 类存货的控制介于 A 类存货和 C 类存货之间，企业可以通过划分类别的方式进行管理。

2. 零库存管理

零库存管理也叫适时制库存控制或看板管理。零存货管理在 20 世纪 70 年代由日本丰田汽车公司提出并用于实践。在这种管理系统下，企业事先和供应商协调好，让供应商将必要的原材料和零部件，以必要的数量和完美的质量，在必要的时间，送往必要的地点，并且和客户协调好，在产品完工后不在企业停留立即送往客户手中。这样，企业的存货持有水平就可以大大下降，企业的供应、生产和销售形成连续的流畅的运动过程。显然，实施零库存管理需要稳定、标准的生产程序以及诚信的供应商，否则极易导致企业生产的停顿。目前，已经有越来越多的企业采用零库存管理以减少甚至消除对存货的需求。零库存管理的思想被进一步发展应用于整个生产经营过程——集开发、生产、库存和分销于一体，大大提高了企业运营管理效率。

第三章

新一代信息技术在财务管理中的应用

第一节　云计算在财务管理中的应用

一、云计算的概念与发展现状

云计算已成为网络世界必不可少的组成部分。美国国家标准与技术研究院（NIST）认为，云计算是一种按使用量付费的模式，这种模式提供可用的、便捷的、按需的网络访问，进入可配置的计算资源共享池（资源包括网络、服务器、存储、应用软件、服务），这些资源能够被快速提供，只需投入很少的管理工作，或与服务供应商进行很少的交互。

一般来说，云计算是基于互联网的相关服务的供应、使用和交付模式，通常通过互联网来提供动态、易扩展且经常是被虚拟化的资源。它以分步计算的方式，通过集合大量的服务器，组成计算集群，将需要处理的数据拆分成无数个小程序，形成小的计算任务，分散到各服务器中处理，得到结果后归集并发回给用户。通过不断升级完善，现在的云计算已经能完成分布式计算、效用计算、并行计算、网络存储、热备份冗杂和虚拟化等复杂处理业务。

根据《2024 年云计算白皮书》的数据，2023 年我国云计算市场规模达到 6165 亿元，同比增长 35.5%，保持着较高的增长活力。越来越多的供应商提供云计算服务，国内知名的网络云计算平台有腾讯云、阿里云、华为云、百度云、天翼云等，它们在布局生态系统时，财务云是争夺的核心领域之一。财务信息软件供应商中的用友、浪潮等，也在积极布局云计算。

云计算因其信息化程度高、快捷、安全等特征，发展迅猛。国内云服务能力提高迅猛，为企业“上云”提供了较好的条件。

企业使用云计算的优势，主要在于帮助企业实现规模效应，使利益最大化，减轻工作负载，同时降低安全隐患。在数字转型、企业做大做强的愿景的推动下，企业在信息技术方面的支出不断增大。当为提高处理数据速度而购买技术的支出不断增加时，企业就会寻求投入产出比更优惠的方式来优化支出。这时，很多企业会通过引进公共云，或引进供应商的私有云，或是通过两者结合的方式来解决企业需求。不少企业尝试通过多云战略，除使用私有云投资外，还采用几个主要云计算提供商提供的公共云。

云计算平台的网络，比连上网络端的局域网安全性高。由于云计算有从上到下的环境治理，自动化程度非常高，而且采取了更多的措施来保护网络安全，特别是在虚拟化、数据库、用户接口、防火墙等方面，有专业的技术团队负责日常运作及维护，企业的网络安全更有保障。

二、云计算的特征

云计算可以按需自助服务，能有效兼容各种硬件和软件，使用者只要拥有网络环境的计算（服务器）、存储和传输等设备，就可以单方面获取云端的数据，而不需要与任何服务提供商进行交互。

使用者通过网络，在异构的客户端平台，以标准机制进行访问，获取计算能力。

云端计算资源被池化，通过多租户形式分享给不同使用者，根据用户需求动态提供不同的物理或虚拟资源。用户并不知道资源的确切位置，但是可以通过申请指定大概的区域，如国家、省或数据中心。

计算能力可以快速、弹性获得。使用者可以快速取得数据并提高计算能力，同时也可以快速放弃资源，减少算能。

云计算可计量，有明确的计算服务。云端计算资源由虚拟分拆技术实现分配量，按量付费。付费方式可以根据资源（如 CPU、内存、网络带宽等）的使用量和时间长短计费，也可以按次付费。

三、企业选用云计算的考量要点

（一）充分考虑云计算与企业的契合度

只有最适合自己的，才是最好的。无论企业是采用私有云，还是公共云，均应该优先考虑是否适合企业，在充分考虑云计算对自身的利弊后再作出选择。此外，还要考虑其安全性、成熟度、典型的客户案例、计算保障和服务能力等。

（二）评估云计算的安全性

云计算在国内的推广比预测的要慢，最主要的原因在于企业对数据安全性的担心。在应用过程中，企业需要将数据存储于公用网络上，无论是基础设施还是软件供应商及后台管理维保人员，都有可能在整个数据流转环节接触到数据，甚至在企业上传数据的过程中，也可能出现数据安全隐患。如何确保数据安全，是企业考虑的核心问题。

对此，企业应当建立风险评估机制，对拟合作的云计算供应商进行安全性评估，从基础设施、技术支持和软件服务等方面，初步分析供应商的安全能力及资质，作为选择的参考。同时，也要对企业内部流程和需求进行风险等级评定，判断服务场景和业务风险。

（三）结合成本效益统筹考量

目前，市场上的云计算质量良莠不齐，价格差别较大。企业应当结合成本效益综合考虑，确定合适的合作伙伴。有些供应商是按用户数租用的，有些是按数据量计价的，也有按月付费的。不同的结算方式会使最终的成本产生差异，如果企业员工签约数量大，实际有效使用人数不多，按用户数结算显然成本较高；如果企业业务量较大，按数据量结算，成本会更高。

四、云计算模式为资金集中管理提供支持

随着云计算与金融的加速结合，金融服务泛在化，传统银企直联模式已经

加速进入云模式，即以云计算的方式实现企业系统与多家银行系统的直联，一点接入即可实现企业银行账户的付款、余额查询、回单查询等功能的云服务。

目前，国内银企联云模式比较成熟的有用友公司开发的“银企联云服务”，其依托用友 30 多年企业服务的经验，已经与用友 NC、U9、U8+、U8Cloud 以及 SAP 资金管理、Oracle 资金管理、金蝶 EAS 等市场主流 ERP 产品全面融合，使企业的后台财务系统与多家银行、支付机构一点接入，支持所有主流银行以及所有大、中、小型企业客户的使用需求，实现普惠金融。一方面，云部署可以大大降低企业的硬件成本和运维成本；另一方面，通过“一点接入”，用友“银企联云服务”可以实现企业信息流和银行现金流的“双流”合一。另外，招商银行、平安银行、中国工商银行等银企直联云模式产品也相继推出。

第二节　大数据在财务管理中的应用

一、大数据时代的财务管理变革

随着大数据技术的快速发展，人类社会进入了大数据时代。大数据具有信息量大、多样化、高速流动、高度共享的特征，为涉及大量复杂数据的财务管理工作带来了一个前所未有的发展机遇。

（一）大数据时代财务管理的机遇

1. 有助于提高财务决策科学化

在大数据时代，企业财务管理工作中产生的数据呈现出爆炸式增长趋势，这为财务决策分析提供了海量数据基础。利用大数据、云计算等技术对海量复杂的财务数据进行实时收集、整合、处理、分析，能够充分发挥数据的价值，实现实证预算决策，有效弥补过去财务人员依靠直觉与经验决策的缺陷，提升财务决策的合理性、准确性和及时性。

大数据应用于财务管理决策也是同样的道理。在财务管理过程中，尤其是在制定财务规章制度时，企业要积极运用大数据技术对海量数据进行精准、深入的分析，挖掘数据间的内在联系和逻辑规律，这样决策者可以直接根据数据处理结果制定科学的财务管理决策。

2. 有助于挖掘财务信息价值

随着大数据时代的到来，各行业在发展过程中产生了越来越多的数据，财务人员可以借助大数据技术，扩大数据收集的广度和深度，集成并整合社会各界孤立的财务数据，形成有序的、有价值的财务数据资源，并运用大数据、云计算等技术深入挖掘其内在价值。

3. 有助于提高财务管理效率

大数据时代的财务管理迎来了海量的财务数据，使得会计核算、费用报销、资金管理等基础性财务工作的复杂程度迅速提高。而企业可以将大数据、人工智能等技术应用到这些工作中，实现财务基础工作的自动化、智能化处理，这样不仅可以提高财务基础工作的处理效率和准确率，而且可以使财务人员集中精力处理财务管理、财务监督、决策分析等创造性比较强的工作，优化人力资源配置，实现更高效的财务管理。

（二）大数据时代财务管理面临的挑战

虽然大数据的应用为财务管理带来了很多便利，但现阶段企业财务管理的智能化水平参差不齐，且财务数据涉及的领域非常广泛，再加上网络安全隐患等问题，使得财务管理工作面临着一系列挑战。

1. 财务人员压力增大

在传统的财务管理方式中，财务数据规模比较小、种类有限、精度不高，且大多是企业内部的财务信息。而在大数据时代，财务管理工作涉及的数据不再局限于企业内部，还包括来自各行业以及各个企业的数据，这使得财务数据的规模庞大、种类繁多、复杂度极高。在这种情况下，无论是在工作量还是在工作能力上，财务人员都将面临巨大的压力。

2. 财务数据准确度甄别难度增大

在大数据时代，财务管理决策的制定离不开数据的支持，财务决策的准确性、科学性与财务数据的准确性息息相关。大数据时代的到来使得财务数据规模猛增，同时数据也在时刻发生变化。数据在使用前通常会经历数据甄别、筛选、处理等过程，但规模庞大、变化频繁的数据使得数据甄别的难度大幅提升，也使得财务数据的准确度难以保证，最终会导致企业很难依据财务数据制定科学的财务决策。

3. 财务信息安全隐患增大

大数据时代不仅使数据的规模大幅增加，而且大幅拓宽了数据来源，在很大程度上提高了财务工作流程的复杂程度。而流程越复杂、环节越多，信息泄露的风险就越大。由于财务信息的特殊性，财务数据一旦泄露后果将不堪设想。

二、企业对智能财务数据的需求

智能财务是财务行业顺应数字化、智能化转型所作出的改革与创新，它实现了现代科技与财务管理的深度融合，是财务行业未来的发展趋势。在实现智能化之前，财务行业还经历了会计电算化、财务信息化两大发展阶段。为了实现智能财务，企业管理者以及财务工作人员要转变观念，积极学习并接纳新思想、新模式，全面推进智能化建设。

智能财务建设离不开数据的支持，随着企业内外部环境变化速度的加快，市场竞争愈演愈烈，资源转化规模不断拓展，企业对数据提出了更高的要求。企业财务人员不仅需要为管理者提供决策所需的各类数据与报表，还要提交统计、税务、市场监督管理、行业协会等管理机构要求的各类表单。目前，企业对数据的需求主要体现在以下四个方面。

（一）信息共享需求

为了整合数据，提高工作效率，降低用人成本，企业引入了企业资源计划（Enterprise Resource Planning，ERP）系统或自动化办公（Office Automation，OA）系统。但在具体实践中，企业往往会按照传统模式对 ERP 系统进行切割，导致数据录入与使用在同一个部门发生，没有达到数据整合的目标。

ERP 系统在整合企业数据的过程中应该将各部门业务相联系，但在实际应用过程中，ERP 系统并未发挥这一作用。究其原因主要是企业的财务管理部门采用的是传统的架构与职能，无法与信息系统相融合，导致最终的应用效果不佳。企业的财务管理要想摆脱单纯的核算功能，向管理、决策等功能转变，就必须积极引入先进的财务管理工具、管理理念，对组织架构进行全方位改造。

（二）即时可视化需求

在企业中，有些部门使用财务数据作为核心考核指标，有些部门使用非财务数据作为核心考核指标。例如，经营部门使用每月新增的合同金额、客户数量作为考核指标，财务部门使用收付款情况作为考核指标，工程部门使用项目检查情况、整改情况、处罚情况作为考核指标等。智能财务的基本任务就是对这些数据进行整合，将其以可视化的方式实时展现出来。为了让员工更直观地看到自己的工作对核心考核指标所产生的影响，财务部门可以在收集、统计数据的基础上加入年度考核指标，将其以饼状图或者柱状图的形式展现出来，从而对员工形成一定的激励作用。

（三）决策支持需求

管理者要想制定科学决策，不仅要拥有丰富的经验，而且要以充足的数据为依托。智能财务就是利用大数据技术对数据进行整合与重构，从各个维度对问题进行阐述的。例如，企业在选择供应商时发现某家供应商所有的财务数据都表现得非常正常，但涉及一项诉讼，在这种情况下，非财务数据就会对决策模型的构建起到决定性作用。因此，智能财务既要对常规决策建模，以提高决策效率，又要考虑可能给决策产生重大影响的非财务数据，引导管理者对这些非常规数据给予关注。

（四）数据挖掘需求

数据挖掘指的是对核心指标进行层层分解，将管理者需要的各种信息在各个层次中呈现出来。在财务管理领域，数据挖掘始终是一大难题。因为不同的管理者面对同一个问题需要使用不同的数据进行解决，这极大地增加了数据整合、处理、应用的任务量。而智能财务可以借助商业智能工具对数据进行重构，满足管理者对数据的个性化需求，为数据挖掘提供强有力的支持。

三、数据挖掘：构建数据分析体系

近年来，随着大数据、云计算、人工智能等新一代数字技术的飞速发展，数据已经渗透进各行各业，成为推动企业发展的核心资产。在此形势下，企业需要具备从海量数据信息中发现有价值的信息的能力，并以自身业务为基础建立数据分析体系，培养精通数据、业务和技术的复合型财务人员。

此外，为了增强自身的市场竞争力，企业需要在精细化的财务管理模式下有序开展业财融合。随着企业对高质量发展的需求日益增长，对数据的要求越来越高，企业需要积极探索可以有效整合和分析数据、提高业务洞察力的技术，为科学决策提供数据支撑。

数据分析体系在企业管理中发挥着至关重要的作用。经过长时间的信息化建设，企业已经积累了大量数据，并认识到从数据中挖掘价值的重要性。进入数字化时代后，企业将在业务数字化的环境中再度积累大量数据，因此，需要构建一套能够全方位、多维度分析数据信息的数据分析体系来充分挖掘数据价值。

对企业来说，数据分析结果是进行战略决策的重要依据，有效的数据分析体系能够为企业进行长期战略规划提供数据支撑，有助于企业实现长远发展。因此，企业要充分利用各种数字技术为财务部门获取数据赋能，提高数据获取的及时性、多维度和精细度。

传统的企业财务会计更侧重于记账，与企业的其他管理制度之间缺乏联系。管理会计系统的数据收集往往局限于财务口径，会计核算的维度比较少，时效性和准确性比较低，数据的“颗粒度”过大，难以应用到企业管理中。

现代财务会计可以利用基于大数据、云计算、人工智能等新技术的新型智能核算系统围绕具体的事项来处理数据信息。该系统能够与业务系统和多种社会化数据源对接，为业务提供多维度的精细核算信息，以便从数据上为企业财务管理提供支撑。

在企业需求方面，由于财务数据背后有一定的业务逻辑，因此财务数据也有很强的业务属性。企业在财务数据管理方面不仅要重视技术，也要打通业务和财务之间的数据、管理系统与规则。具体来说，当企业难以根据应收账款余额进行分析和监控时，可以通过应收账款管理系统，根据金额、项目状态、项目类别等具体情况分别呈现应收账款，并进行全方位的财务分析。

四、数据可视化：让数据“说话”

数据矩阵和数据标准化是企业推进数据可视化的基础。在具体实施过程中，一方面，企业要搭建包括各个层级的数据体系，充分打通各个层级之间的数据通道；另一方面，企业要整合财务指标和一些与财务工作相关联的业务指标。与此同时，企业还要利用数字技术在业财一体化的数据体系的基础上进一步整合数据，推进数据可视化，降低人与数据连接的门槛，实现数据找人。具体来说，企业既可以利用数据中台采集和管理企业异构系统中的数据，也可以借助智能分析中的钻取功能灵活分析数据，提高数据分析的实时性和可视化程度。

企业进行精准的资金预测并制订全面的资金计划有助于科学合理地配置金融资源，充分利用资金，强化自身对业务活动和资金预算的动态管控能力，从多个时间维度为企业运维提供支撑。

企业可以通过数据分析并预测行业未来的发展趋势，进而以此为依据制定合适的发展战略。在经营管理方面，企业需要对自身的发展战略和发展目标作出长远规划，预先做好年度计划和预算，分析、跟踪自身经营数据以及行业环境、行业发展等关联数据，并对各项数据进行统一分析，从而实现高效的经营决策。

进入大数据时代之后，企业需要推进智能财务建设，提高数据精准度，最大限度地发挥数据的价值，因此企业财务人员需要不断提升自身的能力，不仅要充分掌握财务知识，而且要熟练掌握与业务相关的一系列知识与技能，具备与业务人员交流各个业务场景中模型搭建、模型分析、工具、技术等方面知识的能力，通过不断学习向复合型财务人才发展。

随着智能财务进程的持续推进，企业对跨界融合财务管理人员的需求将越来越高。企业财务人员要具备从集团战略层面进行端对端数据梳理以及数据分析等深度运用数据的能力。

在大数据时代，企业财务人员可以借助信息技术和信息化工具自动完成事务性工作，这不仅能够提高工作效率，也能解放人力资源，让财务人员投身到更具价值的工作中去，从而提升财务人员的工作能力和成就感，进一步挖掘出数据的潜在价值。

五、大数据时代财务管理的转型路径

在大数据时代，企业应当抓住机遇，应对挑战，充分享用大数据时代带来的红利，进行内部改革，用数字化技术武装自己，提升自身的竞争实力。那么在大数据时代，企业可以通过哪些方式推进财务管理转型呢？

（一）推进流程的变革和财务人员的转型

在大数据时代，财务数据转化成财务决策，需要经历数据采集、整合、加工、处理、存储、分析等多个流程。将大数据技术与人工智能、云计算等技术相结合，不断优化或重塑相关流程，打通端到端各个环节，实现数据流、业务流、资金流的有机统一，从而实现高效的财务管理。

此外，随着大数据、人工智能等技术在财务领域的进一步应用，综合型财务人才越来越受到青睐，将使许多基础性工作岗位上的财务人员受到一定的冲击。因此，在大数据时代，推进财务人员转型也至关重要。一方面，企业要积极开展数字化培训，培养财务人员的大数据分析与处理能力，促进财务人员的职能向更高级的方向转变；另一方面，财务人员要主动学习和实践，培养主动规划财务数据的能力，并将财务数据视为企业资产进行管理，挖掘数据价值，制定财务策略，推动企业的数字化转型。

（二）利用大数据技术发挥财务数据预算价值

企业可以利用大数据、云计算等技术，创建财务预算管理信息平台，借助数字化技术在平台内进行智能化、信息化的财务预算管理，从而实现对财务预算执行情况的实时监管。在具体应用中，财务人员可以结合大数据技术从横、纵两个方向对财务预算执行情况进行对比分析，对执行过程中出现的偏差进行纠正，同时根据企业的实际情况对财务预算进行调整，最大限度地释放数据的预算价值，保证财务预算管理的效果。

（三）构建大数据平台和制度，实现业务模块互联互通

在大数据时代，财务数据包含的内容越来越广泛，使用频率也越来越高，因此保障财务数据的安全尤为重要。一方面，企业要综合考虑自身发展现状与财务管理的实际需求，借助大数据技术创建内部大数据平台，并将财务管理、资产管理、人事管理、合同管理等项目纳入进来，实现各业务模块的互联互通。这样既可以实现各领域数据的融合与共享，提升管理效率，又可以保证数据的安全性与可靠性。另一方面，企业需要针对统一的大数据平台建立平台管理制度，并结合企业内部业务变化、外部市场环境变化以及国家政策进行优化升级，从制度层面保证所有财务信息的安全。

第四章 数字经济背景下企业财务管理模式创新

第一节　数字化对企业财务管理的影响

数字化的发展使得人类正在经历历史上最具变革性的时代。数字技术的深入发展，为企业财务管理带来了更多好用的工具。财务管理系统是较早使用数字化方式的管理系统之一。虽然层出不穷的新技术已逐步应用于财务管理领域，但大多数企业只关注经营过程中的数据统计和会计核算，而对市场竞争力、客户管理、员工管理等方面的重要信息未能有效应用。有效运用数字技术服务于企业可持续经营，将成为数字经济时代企业面临的最大机遇和挑战。

一、引起财务管理环境的改变

大数据、物联网、人工智能、云计算等信息技术在数字化世界迅速发展。过去，企业的经营活动主要是实物、实地、实体等，在某种意义上，各种内部和外部的因素都会对企业的生产产生不同的影响。在数字化时代，许多企业的运营都是以互联网、云计算等数字化技术为依托的，这就使企业的生产和管理不再局限于实物、实地和实体研究，而是朝着智能化和便捷化的方向不断发展。与此同时，在信息化技术不断发展的条件下，财务数据和信息的收集与处理更加高效、透明，数据的输入和输出也更加便捷，企业能够及时、准确地获得更多的数据和信息，财务管理环境发生了很大的变化。

二、引起财务管理主体和客体的变化

在数字经济时代，企业财务管理的对象不仅限于实体，而且越来越注重线上和线下的结合。在数字经济时代，企业通过云计算、人工智能等手段，不断推动企业的业务向线上线下一体化、实体与虚拟相结合的方向发展，这就需要企业的经营主体由传统的实体组织向虚拟与实体相结合的组织形式过渡。在过去的几年里，财务管理的重点大多集中在企业的资金流动上，而在数字经济时代，随着信息技术的飞速发展，财务管理的目标也逐步向资金和信息流的方向发展。

三、引起财务管理手段和方式的转变

以往的会计核算主要依靠人工核算或者简单的计算机软件进行核算，这种核算方式会降低企业的工作效率和工作准确性，制约企业的发展。在数字经济时代，企业的资金管理日益注重对成本的精确管理以及线上和线下实时、精确的协同管理。通过引入云计算、物联网等技术，企业的财务数据能够脱离实体机构的束缚，不仅可以进行远程工作，还可以利用海量的数据进行准确的分析。随着数字经济时代的到来，企业的财务管理方法和手段也发生了很大的改变，不但让企业员工摆脱了人工操作的困扰，更加专注于自己的工作，而且能提高企业的经营效率和准确性，让企业领导层能够及时了解企业的动态。

四、实现全财务信息分享，推动业务和财务的整合

在传统企业里，财务管理通常是由财务主管负责，只有在财务部门中才能传递信息，而非财务部门则不能及时获得与财务相关的资料。由于存在着这样的信息差距，许多企业的财务管理决策都具有一定的适用范围，而且在实施过程中往往会遇到许多问题。而利用云计算、大数据、移动终端等数字化技术，可以建立一个统一的财务信息共享系统，将有关的财务数据进行实时共享，实现业务与财务的高效整合。

通过财务信息共享系统的建立，各企业可以通过编制财务报表、审批、核算等财务工作来完成财务管理工作。在财务报表的建立过程中，可以通过新一代

信息技术的整合将企业的采购、销售、生产、人事等功能全部融合在一起，不仅做到数据来源的唯一性、准确性，同时也有利于财务数据的统一管理，而且通过前端业务与会计科目所建立的匹配关系，可以进一步全面实现财务报销流程的线上审批，全业务审核审批后便自动入账，不必将生产、销售、采购、人事部门的数据转换后再进行会计业务的处理。

此外，通过财务信息共享系统能够及时了解企业的运作状况，有利于企业管理人员及时掌握企业的发展动态。例如，SAP、CBS等软件搭建的共享服务管理系统，不但可以完成派单管理、财务审核等功能，还能满足集绩效管理、信用评价、交互管理等于一体的共享运营业务需求，不仅便于财务部门在第一时间从财务共享平台了解企业当期业务的运作情况，进而对企业运营做出有效的资源分配及财务预测与管理，同时还为财务信息共享系统的高效运行提供强有力的数字化支撑。

五、有助于财务管理决策的数字化转型

财务管理是一个系统化的工作，财务管理的内容、方式和方法都需要做好预案。例如，在企业作出投资决策前，要深入、仔细地研究项目的资金流向和可行性。因为企业内部与外部的信息和数据十分复杂，要获得准确的信息十分困难。通过大数据等数字化技术，可以获取与企业相关的财务决策信息，并能快速地进行企业内部的财务决策，保证企业财务管理的总体精确度。当决策信息采集完毕后，决策者就可以运用人工智能等数字化技术来进行决策问题的定量化。比如，一些财务信息处理软件可以通过智能化的分析系统，迅速整理出一系列的财务指标，并且能够综合考量决策目标的内外部应用状况，为决策提供高效、准确的参考信息。

六、有效降低财务管理成本

通过数字化改造，企业的财务管理方法、业务流程都得到了优化。在传统的财务管理过程中，无论是采集原始资料，还是分析财务数据，都需要耗费大量

的人力、物力和时间成本。而在数字经济时代，前期虽然需要大量资金，但通过数字化的财务管理系统，可以简化财务管理流程，提高数据处理的效率，从而大大降低了企业的财务管理成本。比如，通过对企业财务信息系统进行数字化改造，能够为员工提供智能报销，员工在工作中不再需要进行预付款支付、发票开具、人工支付等操作。而对财务经理来说，利用数字化技术进行会计核算，可以极大地提高会计信息的效率和精确度，并能有效地减少人力资源的消耗。

七、有助于加强企业的财务预算管理

企业的财务预算管理是企业财务管理的一个重要环节，它能保证企业的正常运营，提高企业的经济效益，是企业后续进行经营、投资、融资等经营活动的关键。当前，我国企业的预算管理水平普遍偏低，其主要原因在于预算管理的数据处理效率低下，对预算数据的分析和处理速度不够快，数据的可操作性、及时性、准确性都不高，造成财务资源的分配不够合理。在数字经济时代，企业可以运用先进的信息技术和数据处理技术，有效地减少数据的错误率，使企业能够快速、高效地收集、整理、汇总信息，全面、高效地进行数据分析和处理。同时也能够保证预算数据的正确性和可信度，极大地提升了企业的预算管理水平、预测分析和管理水平。

八、有助于降低财务风险

在数字经济时代，企业所面对的经营风险越来越多，其中包括生产经营风险、投资风险、融资风险、信贷风险等。如何提高和改善企业的内部控制和风险管理水平，已成为当今各大企业所必须面对的一个重大问题。数字化技术具有很高的准确性和时效性，可以准确、及时地记录、处理和存储预测风险所需要的数据与资料，从而有效地提升企业的风险分析、风险处理能力。同时，数字化技术能够实时、动态地跟踪和监控企业的财务信息，对企业的资金流动进行风险分析等，达到对企业风险的预警、防范以及合理的预测与管理，从而增强企业的内部控制和风险管理能力。

第二节　数字经济背景下企业财务管理模式的创新方向

在经济全球化、知识经济以及数字经济的冲击下，传统的财务管理的理论和方法已无法适应新时代财务管理的环境变化，在指导企业财务管理实际工作中仍存在一系列问题，其主要表现在以下方面。

第一，现代财务管理的理论基础主要建立在工业经济中，将有形资产管理作为财务管理的基础。现阶段，全球都在向数字经济方向发展，企业的无形资产比重在不断提升，很多高科技企业的无形资产的价值远远超过有形资产的价值。

第二，现阶段，财务管理手段相对落后，在信息技术的快速发展中，相关部门必须注重网络在财务管理中的应用。

第三，传统财务管理的风险管理范围比较小，主要是财务风险，很少涉及风险投资管理，而数字经济背景下的财务管理的风险管理范围显然更大，因此有必要积极创新、拓展。

第四，目前，企业中实行的财务制度相对比较传统，激励和约束机制不协调。

第五，现阶段，企业的财务评价体系主要用于可用货币计量的财务指标中，缺少对企业人力资源和无形资产等指标的考核与评价。

在财务管理问题中，为了满足数字经济背景下财务管理的需求，财务管理的相关理论和方法应抓住环境变迁的机遇，不断进行创新。结合目前的研究与实践，财务管理呈现出以下创新方向。

一、财务管理的理论基础应建立在工业经济和知识经济基础上

在数字经济背景下，财务管理的理论基础应该建立在工业经济和知识经济基础上，不仅要重视有形的物质资产管理，如传统的筹资、投资和利润分配，还

应该重视对无形资产的管理，如无形资产的取得、使用以及对无形资产所有人员进行的剩余收益分配。在工业经济时代，企业拥有的物质资产在很大程度上决定着企业的生存和发展，在企业物质资产雄厚的情况下，企业的发展将具有一定的优势。在数字经济时代，企业扩展了资本范围，改变了资产结构，企业财务管理呈现出一些新的特点。

（一）传统财务管理目标将从股东财富最大化发展为企业价值最大化

现代企业理论认为，企业是多边契约关系的总和，股东、债权人、经理阶层、普通员工以及政府等共同构成了企业的利益制衡机制。如果将企业财务管理的目标仅仅归结为股东的目标，而忽视其他相关利益主体，必然导致矛盾冲突，最终损害企业的价值。如果把企业的财富比作一块蛋糕，这块蛋糕可以分为几个部分，分属于企业契约关系的各方——股东、债权人、员工、政府等。当企业财富总额一定时，各方的利益是此消彼长的关系，而当财务管理目标发展为企业的价值最大化后，各种契约关系人的利益都会较好地得到满足。

（二）无形资产将成为企业投资决策的重点

随着数字经济时代的到来，无形资产在企业资产结构中占据主导地位的形成，必然导致企业资产结构的变化。在新的资产结构中，以知识为基础的专利权、商标权、商誉、计算机软件、人才、产品创新等无形资产所占的比重将大大提高，无形资产将成为企业最主要的投资对象。

二、财务管理以网络财务为主

网络财务是以互联网、企业内部网以及电子商务为背景的在线理财活动。网络财务对传统的财务管理手段与方法的冲击主要表现在以下几个方面。

（一）从空间和时间上看

在网络财务环境下，从空间上看，企业的事务可以进行远程处理，便于整合整个企业的财务资源，全面提高企业的竞争力；从时间上看，企业的一切活动均可以实时报告和传输，便于企业进行在线管理，从而显著提高企业的工作效率。

（二）从下属机构上看

在网络财务环境下，企业可以实现财务与业务的协同，包括与企业内部部门的协同、与供应链的协同和与社会部门的协同，从而实现企业资源配置最优化，最大限度地节约和使用资源。

（三）从电子单据和电子货币上看

在网络财务环境下，电子单据和电子货币将得到普遍使用。电子单据可以节省许多中间环节，从而促进财务流程速度和效率的提高。而电子货币是电子商务的重要条件，也是网络财务的重要基础。货币的电子化以及在此基础上的网上支付、网上结算，不仅可极大地提高结算效率，还会加快资金周转速度，降低企业资金成本。

三、财务风险管理与财务安全管理并重

数字经济时代的到来，将使信息传播、处理、反馈以及更新的速度大大加快，这些新变化既给企业带来机遇，也加剧了企业的财务风险。但是，企业在加强财务风险管理的同时，往往忽视了财务安全管理，无意中为经济犯罪行为打开了方便之门。

因此，数字经济背景下企业财务管理模式要求财务风险管理与财务安全管理并重。

四、财务管理评价体系创新

在数字经济背景下，财务管理的评价体系创新主要表现在两个方面：一是进一步拓展传统的财务分析指标体系，二是对知识资本等无形资产的财务评价比重增加。

现代企业在评价企业经营绩效方面，除采用传统的财务分析指标外，近年

来又提出了经济附加值（Economic Value Added，EVA）、自由现金流量（Free Cash Flow，FCF）和市场附加值（Market Value Added，MVA）等财务指标。

经济附加值指的是一定时期的企业税后净利润与资本成本的差额。它是一个静态指标，测算的是一个企业过去一定时期的经营成果，可用以分析经营者经营企业的得与失，促使经营者用较少的资本做更多的事。

自由现金流量是指企业在一定时期内经营活动的现金流量净额减去维持现有经营活动所需的资本性支出。它是一个动态指标，反映企业在经营期间实际的资金实力。它与经济附加值相结合能较好地评价企业的整体经营状况，有助于围绕资本增值，实现资本的最优配置。

市场附加值等于企业价值（市场上企业的股价总值）与全部投入资本的差额，它主要用来衡量上市企业市场价值与企业账面价值的差额，反映出市场对企业前景的评价。

五、新财务管理模式——价值驱动

创造价值是企业财务管理模式转型面临的最大挑战。财务管理模式需要由价值记录转向价值创造的新方式。从价值记录转向价值创造的过程也即财务管理模式的升级过程——从共享财务到业务财务再到战略财务。

在财务管理模式的升级过程中，对财务人员的素质要求也是逐渐上升的。在共享财务（智能化）阶段，所有交易流程通过共享中心或外包实现自动化处理，财务人员主要管理异常情况。在业务财务（业财一体化）阶段，财务管理与业务紧密协同，业财一体化更强调外部性，强调将财务数据与外部信息紧密结合，以辅助建模和预测业务成果，优化战略计划，确定最佳业务机会。业财一体化也是企业信息化建设的重心，对财务人员的综合能力提出了很高的要求，需要财务人员在“专业”和“综合”方面同时做出改变。在战略财务（更具弹性）阶段，战略财务将通过战略风险管理来管理不确定性，财务人员需要使用预测分析来评估战略决策带来的影响，为可能到来的冲击提前进行规划和管理。随着分析技术升级，以及数据规模和复杂性不断提高，财务管理的价值驱动模式将在新一代信息技术的推动下不断创造新的方式和可能。

第三节　数字经济背景下企业财务管理模式的创新方法

一、增强企业财务管理人员数字化意识，全面提高人力资源数字化管理水平

首先，要增强对企业财务管理人员的数字化意识。企业管理人才是企业数字化管理的核心要素，企业可以聘请业内的相关专家来对企业财务管理人员进行专业知识教育与职业教育，让他们清楚地认识到，企业正在朝着数字化、智能化的方向发展，如果还是局限于过去的观念和思想，迟早会被时代所抛弃，而企业若采用数字化的财务管理模式，不但可以提高企业的核心竞争力，还可以提高企业的决策准确率，让企业能够享受到更多的改革红利。其次，企业员工是实施财务管理模式创新的重要参与者和实施主体，因此，要使各部门的观点保持一致，从而促进财务管理模式创新的成功。企业可以让员工更好地理解新型财务管理和运行的基本模式，增加工作的体验，并让他们感受到大数据、云计算、人工智能等新一代信息技术应用的高效性，进而转变他们的思维模式。最后，要加强财务管理团队的建设。一方面，要把数字经济时代的理念融入企业财务管理工作中，让财务管理人员深刻感受数字化技术的优势，愿意接受和利用数字化技术进行日常的财务管理工作；另一方面，对企业的职员进行从上到下的数字化财务管理，其中包括建立数字报表平台、业财融合平台等，从发票获取、报账单据扫描等最基本的工作开始，全面提高员工的基本素质。

二、加强企业数据安全保护的措施

第一，加大企业信息化建设的投资力度。为保证企业财务管理模式创新工作的顺利开展，必须有一个强有力的后台作为支撑，随着企业业务量的增加，就

必须有相应的硬件和软件保障业务的顺利开展。同时，要切实保证企业的信息安全，以保证企业内部人员在使用财务管理系统时不受外界因素的影响。小微企业使用第三方财务管理系统时，也应对其进行充分的考察，并与其在数据传输、使用、保管等方面达成协议，以最大限度地约束其行为，确保数据的安全。

第二，要加强对核心财务管理人员使用数字平台的培训工作，确保财务数据的安全运行与维护。在顶层设计中，企业必须落实财务信息的保密责任，与主要财务主管签订责任协议，规范拥有较高权限的财务经理的行为，尤其是约束其在非工作时间或离职后，严格遵守企业的财务管理规定。

第三，在关键管理信息泄露后，要采取技术、法律、人事等方面的补救措施，及时弥补因信息泄露而造成的经济损失。

三、加强财务信息共享平台建设，推动业财一体化建设

要想实现企业业务和财务融合，建立数字化财务信息共享平台是一个关键步骤。要在企业管理层的协调和统一领导下，打通企业的资金流、业务流以及信息流，及时对每项业务进行实时记录；企业所有的经济行为必须以一个统一的体系将所有的业务联系起来，打通内外部的信息障碍，将企业中的各个部门密切地连接在一起；利用“互联网 +”、物联网、云计算等数字化技术，建设一个智能化的财务信息共享平台，实现企业各部门之间的有效协作，实现业务与财务的统一管理，从而提升企业的经营效益。

四、加强复合型财务人才的培养

人力资源是企业的首要资源。数字经济时代对财务管理人才的综合素质要求越来越高。数字经济背景下，企业迫切需要加强财务管理的复合型人才培养，可以通过外部引进与内部培养相结合的方法来进行人才的储备。外部引进复合型人才是短期内最有效的使用人才的方法，但其缺点是人力资源成本高，人才归属感低、稳定性差，同时也可能会给企业带来负面影响。而内部培养则可以通过开展业务培训、交流等活动，为财务管理人员提供一个相互学习、交流、合作的机

会，促进他们整体素质的提高。内部培养可以促进复合型人才的持续发展，增强员工的归属感和稳定性。所以，企业应采用内、外两种方式进行人才储备和人才培养。

第五章 企业内部控制体系的构建

第一节 企业内部控制的目标体系

就企业绩效管控的思维，任何漫无目标的管理措施都是无效的，甚至会增加企业的成本，导致不必要的资源浪费。企业进行内部控制管理系统构建时，控制目标是企业建立控制制度所要达到的预期目的和效果：内部控制目标的定位是构建企业内部控制管理系统的关键。内部控制本身是一种手段，是企业为了达到所设定的目的而进行的过程与活动，而这些目的便是内部控制的目标；此为内部控制存在的根本，体现的是内部控制存在的目的及存在的最终预期结果。同时，内部控制目标也是建立内部控制框架以及考核、评价内部控制的指导性参照文件。因此，内部控制管理系统要服务于组织其他的次级管理系统，内部控制目标更应融合、构筑于企业的其他各项管理目标。

国内企业目前正处于内部控制标准的研究和制定建设阶段，首先应明确内部控制的目标，才足以明确内部控制的方向，因此可以说，明确内部控制目标，是构建企业内部控制体系的基础和出发点，也是测试、评价企业内部控制体系建设与运行状况的基本标准。现今企业如何定位、设计、建构适用的内部控制管理系统，制定内部控制标准、明确内部控制目标，此种繁杂的系统设计工程，有赖于人们认真加以思考，也迫切需要理论研究的支持。

1992 年，美国反虚假财务报告委员会下属的发起人委员会（The Committee of Sponsoring Organizations of the Treadway Commission，COSO 委员会）从内部控

制组成要素的角度，构造了一个内部控制整体框架，在其发布的《内部控制——整体框架》报告中，把内部控制的目标设定为三类：经营的效率和效果、财务报告的可靠性、适用法律法规的遵循性。此报告是迄今为止对内部控制最全面的论述，在一定程度上突破了以往内部控制仅从会计、审计角度研究的狭隘性，在内容上不再局限于会计控制，扩展到企业的管理以及企业的治理，从一个更高、更系统的视野给出了内部控制的一个框架体系。在这三类目标中，第一类是针对企业的基本业务目标设定的，包括业绩要求、盈利要求和资源的安全性；第二类是针对财务信息的可靠性设定的，主要包括编制可靠的财务报告（中期报告、年度报告），以及对财务数据的精选、对非财务信息的附注说明等；第三类是针对法律的遵守设定的。1994 年，COSO 委员会对报告的“向外部关系人报告”卷进行增补时，增加了资产保护的内容。但是，按照 COSO 委员会的理解，这个内容是从属于经营目标的，不是一个独立的目标。

1999 年，国际最高审计组织发布文件主张：内部控制是一个组织的计划与增值过程管理活动，包含管理的态度、方法、程序以及其他足以确保企业达到相关目标的评量措施。这些目标包括：①配合战略目标，使各项作业均能有条不紊，且更经济有效地运作，提高产品与服务的质量；②保护资源，以避免因浪费、舞弊、管理不当、错误、欺诈以及其他违法事件而招致损失；③遵循适用的法律、规章以及各项管理规定；④提供值得信赖的财务资料，并能适时、适切地披露有关信息。

2004 年 3 月，美国的上市公司会计监督委员会（Public Company Accounting Oversight Board，PCAOB）发布的审计准则 No.2 中仍然推荐使用 COSO 委员会报告中的内部控制整体框架，意味着现实条件下内部控制的目标仍然强调的是营运目标、报告目标及遵循性目标。2004 年 9 月，COSO 委员会在其发布的《企业风险管理整合框架》中，把内部控制的目标分成了四类：①战略目标，这是最高层次的目标，与企业的使命相关联并支持其使命；②经营目标，指有效和高效率（效率与效果并重）地使用资源；③报告目标，指报告的可靠性；④合规目标，指遵守适用的法律、规章以及各项管理规定。

2004 年 9 月，COSO 委员会《企业风险管理整合框架》在内涵上将原 COSO

报告的内部控制五要素扩展为八要素，既体现了对 1992 年 COSO 框架的超越，又反映了内部控制的转型，尤其强调了董事会和管理层在目标设定、风险确认与评估以及风险管理策略选择等方面的突出作用，同时明示他们对于企业的经营成败应负完全责任。

翻阅 COSO 报告的新旧版本，其宗旨在于制定任何组织、企业的通用原则以及避免对使用者在设计内部控制制度时的误导，所以都只做概括性介绍，纲领性地提出了内部控制的整体框架，至于如何保证这种框架性意见在企业中得以执行，除了在内部控制评估参考列表之外，并没有给出可操作的实务性途径，必须由企业、组织自行理解领会，参考环境与企业特性，自行设计一套适用于本企业的内部控制制度并予以落实、评估。有鉴于此，2008 年 6 月 22 日，我国财政部、审计署、证监会等五部委联合发布《企业内部控制基本规范》，明确指出：内部控制目标是合理保证企业经营管理合法合规、资产安全、财务报告及相关信息真实完整，促进提高经营效率和效果，促进企业可持续发展战略。在我国有关“内部控制”的教材和文献中，一般有两个方面，每个方面有三项目标，共六项目标。

一是会计控制目标，包含确保财产物资的完整性、保证会计信息的准确性、确保财务活动的合法性。二是管理控制目标，包含保证生产经营活动的经济性、效率性和效果性，保证国家法律、法规的遵守执行，保证经营决策的贯彻执行。

应该说这些目标是高度概括的，对任何企业都适用。需要注意的是，这个目标体系不仅与 2001 年财政部设定的控制目标不同，而且同其他国家的内部控制目标相比也有其自身的特点。

顺应国际管理的新思潮，内部控制管理体系，尤其是内部审计部门的定位与作业，更趋向于内部顾客服务的角度，更足以体现内部控制制度是一种激励机制。现行的管理体系融合了目标管理理论、工作动机理论、激励理论等，其重点在于诱导人的事前行为。众所周知，一个好的管理机制应该诱导成员及所有的利益相关者选择合理、向善的行为，而不是只约束一部分人的背离、乖戾行为，内部控制是事前的引导管理和预防错弊，绝非仅仅事后的纠错处置。

第二节　企业内部控制系统的构建原则与要素

一、企业内部控制系统的构建原则

近年来，我国多个部门提出了加强企业内部控制建设方面的要求，并以不同的方式指出，企业设立或完善内部控制时可以聘请专家或中介机构协助完成。如何进行企业内部控制系统的构建成为企业面临的一个现实问题。毋庸置疑，现实中并不存在一个适用于所有企业的内部控制模式，但在构建内部控制体系时，还是存在一些共性的基础。

相关人员可以在遵循共性的基础上，考虑企业多方面的特点，进行内部控制系统的构建。下面对内部控制系统的构建原则和流程问题进行讨论，以期为协助企业进行内部控制构建提供一些基础性的建议。

一套完整、有效的内部控制体系有助于实现内部控制的目标，进而实现企业的目标。完整、有效的内部控制体系除了应当满足相关规范的要求外，还应当体现出其所应具备的系统性、可操作性及预防性功能。系统构建时企业应当遵循以下原则。

（一）系统性原则

由于内部控制的内涵越来越广泛，与企业的经营者及企业的经营目标联系越来越密切，各个构成部分不断融合为一个不可分割的系统。因此，内部控制系统的构建首先要遵循系统性原则，即内部控制系统应当涵盖企业所有的层面，并相互协调，使企业的治理层次、管理层次有效地整合为内部控制体系。

将企业的治理层次、管理层次进行整合，使其相互协调，成为有效运转的内部控制系统，首先必须认真分析企业的组织结构。委托代理关系条件下的现代企业内部表现为不同层次的权责分派。按照权责的不同，企业的权责分派体系主要包括决策权的分派和监督权的分派两个方面。

1. 决策权的分派

按照决策影响范围的大小和影响时间的长短，企业的决策权一般划分为经营决策权、管理决策权和业务决策权。

（1）经营决策权。企业的经营决策权具有全局性、长期性、战略性的特点，主要包括确定或改变企业的经营方向和经营目标、新产品开发、企业上市、企业并购、开拓新的市场、扩展生产能力等。企业的经营决策权一般掌握在高层经营管理者手中，如董事会、总经理等。

（2）管理决策权。企业的管理决策权是指对企业的人力、资金、物资等资源进行合理配置，以及对经营组织结构加以改变的决策，具有局部性、中期性和战术性的特点。管理决策的制定必须为实现企业战略目标服务。企业的管理决策权一般掌握在企业的中层管理者手中。

（3）业务决策权。业务决策是在一定的企业运行机制基础上，处理日常业务的决策，具有琐细性、短期性与日常性的特点，主要包括日常的对供应、生产、销售等活动的处理权。业务决策权一般掌握在企业的基层管理者手中。

2. 监督权的分派

企业的整个监督体系包括监事会、审计委员会及内部审计部门。由于监事会直接向股东大会负责，因此，监事会的监督职责在于监督董事会及企业的高层管理人员，即经常提到的对企业经营者的监督。而审计委员会作为董事会下的监督机构，主要职责是对管理层进行监督。企业的内部审计部门则主要是针对企业有关内部制度执行情况进行监督，涉及企业经营的各个方面，包括企业经营的效果、效率，企业财务报告信息的真实性及企业运转的合法性、合规性等。

内部控制系统的构建应当体现出企业不同层次的委托代理关系，以及由此而产生的相互制衡机制，从而保障企业不同层次目标的实现。企业应当按照不同的权责层次来构建企业的内部控制。

（二）可操作性原则

一套具有可操作性的内部控制系统必须从企业自身特点出发，遵循成本效益原则，并充分考虑内部控制的局限性。企业进行内部控制系统构建时，应注意以下几点。

1. 充分考虑企业的特点

内部控制系统的构建必须从企业的实际出发。每个企业所处的行业、经营的规模等方面的特点不同，使得企业在所处的内外环境方面、职责分工方面、组织结构方面、业务运转的程序方面及面对的企业客户方面都存在差别。在构建内部控制系统时，企业应当主要考虑企业内部环境、企业规模及行业特征、企业经营战略、成本因素等。

2. 认真进行成本效益分析

在构建和实施内部控制系统花费的成本和由此而产生的经济效益之间要保持适当的比例，即实行内部控制所花费的代价不能超过由此而获得的效益。否则应舍弃该控制措施，或采取其他相应的替代性控制措施。

3. 正确认识内部控制的固有局限性

内部控制的局限性主要体现在以下方面：内部行使控制职能的管理人员滥用授权，内部承担不相容职务的人员串通舞弊，内部行使控制职能的人员素质不适应岗位要求，由于遵循实施内部控制的成本与效益原则而影响内部控制的效能，适用于经常且重复的业务等。

（三）预防性原则

预防性主要表现为对各类风险的分析和防范。内部控制系统的预防性原则的实现主要有赖于企业风险管理机制的设立、内部牵制制度的实施及业务活动的流程化设计。

1. 建立风险管理机制

（1）风险管理组织机构。根据企业规模大小、管理水平、风险程度以及生产经营的性质等方面的特点，在企业全体员工参与合作和专业管理相结合的基础上，应建立一个包括风险管理负责人、一般专业管理人、非专业风险管理人和外部的风险管理服务等规范化风险管理的组织机构。该机构应根据风险产生的原因和阶段不断地进行动态调整，并通过健全的制度来明确相互之间的责、权、利，使企业的风险管理体系成为一个有机整体。

（2）风险预警体系。企业建立风险预警体系，即通过对风险进行科学的预测分析，预计可能发生的风险，并提醒有关部门采取有力的措施。企业风险预警体系的建立，将促使企业风险管理机构和人员密切注意与本企业相关的各种内外因素的变化发展趋势，从因素变化的动态中分析预测企业可能发生的风险，进行风险预警。

2. 实施内部牵制制度

实践证明，内部牵制制度的实施确实有效地减少了错误和舞弊行为。因此，在现代内部控制理论中，内部牵制制度仍占有重要的地位，成为有关组织机构控制、职务分离控制的基础。

3. 设计流程化的业务活动

企业实际运转中对相关业务活动的控制，在企业内部控制系统中占有举足轻重的位置。企业业务活动控制应当按照业务循环来设计，对于企业的主要经济业务应当设计流程化的内部控制制度，并与企业的信息系统相结合。内部控制系统的构建人员应当对重要经济业务进行流程分析，找出关键控制点，作为日常管理控制的重点。

二、企业内部控制的要素

（一）企业治理控制

通常，企业治理被归结为法人架构的探讨，涉及股东大会、董事会和监事会的角色配置，然而，这种简化理解并未触及其深层次内涵。实质上，企业治理是一个广泛的经济现象，聚焦于全球范围内企业的制度设计。从狭义上讲，它涵盖了在所有权与管理权分离的前提下，投资者与上市企业间的权益划分和权力平衡；但从广义上解读，它涵盖了企业的组织模式、决策机制、利益分配以及涵盖所有法律、机构、文化与制度的复杂体系。它并不仅仅限于企业与所有者的关系，还包括企业与其众多相关利益方（如员工、消费者、供应商、社区等）的互动网络。

这种制度框架的核心在于定义企业的服务对象、控制权归属，以及风险和收益如何在不同利益群体间进行公正分配。这些要素对企业的运营绩效具有决定性影响。因此，有学者倾向于将这一包含相互影响和制衡机制的制度体系称为企业治理调控体系，它对企业运行的各个方面都发挥着关键作用。

在经济学视角下，企业治理实质上体现为企业所有权的契约设计。其核心理念在于如何通过契约划分人力资本和非人力资本的权利，以协调剩余索取权与控制权的分配，进而提升企业的决策效能。在当代企业理论中，所有权结构可被视为剩余索取权和控制权配置的精练表述，而企业治理则具体表现为这些权利的实践整合，即一套法律、文化和制度性的安排，它定义了企业行为的边界，规定了谁来掌控企业，控制方式是什么，以及风险和回报如何在各参与者间分配。值得注意的是，此处的企业所有权并不等同于传统意义上的财产所有权。前者涉及的是对企业剩余索取权和控制权的掌控，后者则涵盖了对特定财产的占有、使用、收益和转让的权利。进一步阐述，企业治理的关键要素包含治理主体的利益相关者、作为治理目标的剩余索取权和控制权，以及实施治理的特定程序和机构。显而易见，当剩余索取权已确定，企业治理的重点便在于如何在所有利益相关者之间妥善分配剩余控制权。经过对理论和实践的分析可知，理想的企业治理控制结构往往仅存在于理论上。鉴于企业所有权配置的复杂性，实现帕累托最优的治理状态通常是不可行的。现实中存在的是接近最优的治理控制，这种控制权分配与财产所有权紧密关联。投资者通过所有权创建企业，作为股东，他们不仅握有决策大权，也相应拥有企业所有权。分配剩余控制权遵循投资比例的原则，这便是所谓的“股权主导”观念，许多学者的企业治理定义也基于此。更重要的是，在任何形式的组织里，权利的最终分布是各方协商的结果，而每个参与者所获得的利益份额取决于他们在谈判中的相对实力。

（二）企业管理控制

企业运营的调控艺术，即管理控制，旨在通过应用控制理论的平衡调整原则，确保企业各部门在日常运营中协同高效，以达成既定的战略目标。这种系统性的管理和调节机制，由精心设计的组织结构和沟通网络构成，其核心使命在于支持企业管理者协调各部门间的交互作用，引导它们朝着企业整体愿景迈进。管理控制的实施旨在打破孤立行动，通过整合与合作，驱动各部门朝着共同的方向前进。控制流程主要包括三个关键环节：首先，对实际业绩进行量化评估；其次，将测量结果与预设的标准进行对照分析；最后，根据比较结果采取相应的管理举措，以修正偏差或优化标准设定。这三个环节相辅相成，共同构建起企业运营的有效调控框架。

依据职责等级，管理可分为高层管理者、中层管理者和基层管理者。高层管理者作为企业的核心执行者，他们的关键任务是设定企业的目标，并主要承担与外界环境如金融机构、关键供应商或消费者等的沟通交互。中层管理者则担当起资源配置的角色，以支持高层管理者设定的目标，他们通过在自己的职责范围内执行策略和监管基层管理者来达成目标。基层管理者则专注于监督日常运营，他们通常管理诸如订单处理、收付款、库存控制和设备维护等事务。一旦遇到价格错误或设备日常维护问题，基层管理者会立即介入解决。因此，企业的管理控制策略可以从三个层面实施：作业流程管控、战术层面管控和战略层面管控。

作业流程管控是一种精细的企业运营手段，它涵盖了资源分配与使用的全程监控。基层管理者在此过程中扮演着关键角色，他们需洞察业务运作中的每一个环节，追踪、记录并深入剖析资源的需求与消耗模式。企业的战术层面管控由中层领导执行，他们通过严密的监督，确保各项作业活动有序进行，同时致力于优化资源利用，推动目标达成。战略层面管控则具有全局性和前瞻性，它在宏观层面指导作业和战术管控，直接塑造企业的资源配置策略。高层管理者需运用前瞻性的数据分析，精准预判未来的市场走向，以此为依据来规划和调整资源的合理配置。

企业管理控制并非一蹴而就，而是动态进行的，可以根据业务进程的不同阶段进行分类。在业务启动前的预设规划可称为前馈控制，实时跟进的调整可称为同期控制，而在业务结束后对效果进行评估和反馈则是反馈控制的重要环节。这种灵活的管控方式，确保了企业始终在最佳状态下运行。

（三）内部控制信息系统

1. 信息系统的诞生

在漫长的管理历史阶段，由于组织规模的局限性，技术手段的不足，以及目标的单一性，管理活动的步伐相对较慢。管理者的关注点常常集中于人力、物力、财力等直接资源的运用，对信息在管理中的价值认识不足，更少有人探讨通过信息管理来驱动管理功能和达成目标。然而，随着生产社会化的深入和企业规模的扩大，管理活动的复杂性不断增加，信息逐渐成为现代管理不可或缺的宝贵资源，同时也是管理实践的核心支撑。决策对信息的需求不仅量大，质优的要求也在提升。信息与控制密不可分，信息的传递和处理目标在于实现有效控制，而控制的实施则依赖于准确的信息。信息在当代社会中占据主导地位，是现代管理的基石，这催生了信息系统的诞生。未来经济的关键在于信息和知识，信息系统是一个高度整合且各要件间相互依存的体系，它接收并输入数据和指令，根据指令处理数据生成有价值的信息，并将这些信息对外输出，形成一个自给自足的整体结构。

企业内部控制信息系统，是一种集成计算机技术和网络通信创新的策略平台，它紧密地嵌入企业的核心管理流程，旨在提升运营效率并支持企业的战略目标，实现企业的内部控制。这个系统通过捕捉并整合日常事务中的关键信息，借助先进的数据处理能力，确保数据的精确、即时、详尽且深入。其应用不仅优化了企业的治理结构，降低了运营成本，而且强化了企业的竞争优势。它使企业得以优化内部流程，如商流、物流、资金流和信息流的协同，从而实现数据驱动的决策，增强决策的科学性和前瞻性，捕捉商业机遇，催生新的增长点。此外，它推动企业向科学化、规范化、制度化的方向迈进，显著提升了管理效能，为企业的可持续、健康、稳定发展奠定了坚实的基础。

2. 内部控制信息系统的建设

内部控制程序涵盖规划、布局、判断以及对人力、物力和财力的调控。各个管理层级在执行这些职责时，对信息的需求各不相同。高层管理者承担设定整体组织目标的重任，他们依赖外部信息来洞察新的市场机遇，并制定出组织愿景；中层管理者负责资源配置以实现这些目标，他们需要信息帮助高层管理者高效配置资源以达成目标；基层管理者则专注日常运营，他们要求得到关于日常业务运行状况的即时反馈。因此，内部控制信息系统可以依据这三个层面来设计和构建。

在企业的运营框架中，作业层的信息系统担当着基础的角色，它的核心职责在于帮助基层管理者实时采集、核实并录入各类业务活动的数据，这些数据涵盖了财务动态，如应收账款的增加、应付账款的支付以及现金流入的记录。每当一笔交易发生，系统都会即时反映，如销售产生的货品数据更新库存状态，同时准备发货标签和包装材料，开具准确无误的发票。而战术层面的信息系统则更侧重于支持中层管理者的决策过程。它整合并提炼业务数据，形成关键指标，供管理者监控业务运作，有效调度资源。这些信息为他们提供了全面的业务概览，帮助他们作出精确的决策和控制其部门内的日常运营。至于战略层面，信息系统发挥着至关重要的前瞻性作用。它为高层管理者提供了深度分析和长远视角，协助他们在制定企业发展的长期战略时，基于详尽的数据和信息。高层管理者通常借助战略规划的信息系统来设定企业的宏伟蓝图，而中层管理者则依托战术级系统来确保其管辖范围内各部门按既定战略执行，并合理分配资源以达成这些战略目标。

第三节　企业内部控制体系的设计流程

企业内部控制体系的设计流程用以指导企业内部控制体系设计者有序、高效地完成企业内部控制体系设计的每一个环节和步骤。规范化的企业内部控制体系设计流程应当包括企业内部控制体系设计的规划阶段、实施阶段和试运行及完善阶段。

一、企业内部控制体系设计的规划阶段

（一）界定企业内部控制体系设计的需求

一般来讲，企业的内部控制体系设计需求包括以下三点。

（1）设计或完善企业的整个内部控制体系。

（2）分析和控制企业的风险。

（3）改进企业的商业流程或企业的绩效。

（二）评价企业内部控制环境

环境是企业内部控制的基础，它设定了企业内部控制体系的基调和底色，影响着员工的控制意识，是其他控制要素的基础，同时也为其他要素提供了约束和控制结构。对企业内部控制环境的评价，注册会计师应当主要对以下问题进行判断。

（1）是否存在独裁性管理。

（2）法人治理机制是否规范。

（3）内部审计的权威程度。

（4）管理模式是否成熟。

（5）是否存在管理人员的违规。

（6）是否存在越权接触现金和重要凭证的情况。

（7）是否存在企业文化危机等情况。

（三）评估企业内部控制成本

1. 调查企业内部控制体系的现状

询问有关企业内部控制的情况，查阅有关企业内部控制的管理制度、文件和以前年度有关企业内部控制体系评价的档案。

2. 评价企业内部控制体系的健全程度

将企业内部控制的现状与内部控制标准进行对比，确定内部控制的缺陷和潜在风险，并进一步评价内部控制体系的健全程度。

3. 评估企业内部控制成本

在对企业现行内部控制体系进行了解和评价后，注册会计师应当初步评估达到预期目标将要发生的控制成本，从而决定企业内部控制体系设计阶段将要采取的控制措施。

（四）制订企业内部控制体系设计实施计划

经过对企业内部控制体系设计需求的界定，确定了企业内部控制体系设计的目标，以及评估了内部控制环境和内部控制成本后，应当制订内部控制体系设计实施计划，包括人员、时间及具体设计活动安排等。

二、企业内部控制体系设计的实施阶段

（一）设计企业层面的内部控制体系

企业层面内部控制体系的设计应当包括以下几项。

（1）企业治理机制。

（2）企业目标设定、风险分析及目标实施策略。

（3）企业组织机构与权责分派机制。

（4）企业预算与业绩考评机制。

（5）对企业下属部门及附属企业的管理控制。

（6）内部控制体系的检查监督机制。

（7）信息系统管理控制制度。

（二）设计企业业务活动环节的内部控制

对企业各业务活动环节内部控制的设计应当包括业务活动控制的目标、控制的方式和控制的流程几个方面。企业所处行业不同，业务活动的性质也有很大的差异。以传统的工商业企业为例，其业务活动环节的内部控制主要包括以下几项。

（1）销售与收款环节内部控制。

（2）采购与付款环节内部控制。

（3）生产环节内部控制。

（4）固定资产管理环节内部控制。

（5）货币资金管理环节内部控制。

（6）融资与担保环节内部控制。

（7）投资环节内部控制。

（8）关联交易环节内部控制。

（9）研发环节内部控制。

（10）人事管理环节内部控制。

三、企业内部控制体系设计的试运行及完善阶段

需要注意的是，企业内部控制体系设计阶段初步完成后，应当进行内部控制的试运行，从而对企业内部控制体系的合理性和有效性进行评价，并进行必要的完善，最后再进行实际运行。

第四节　企业风险识别与防范

为使企业在不同职能部门、不同层次全方位地有效运作，管理层必须制定出一套通用的风险语言的定义，这样才有助于企业所有风险管理者识别风险、防范风险、管理风险并实现管理者之间的相互了解和沟通。因为信息的有效沟通往往是风险管理产生成效的关键。

一、企业风险管理的概念

企业风险管理的本质含义是考虑了企业所有的风险因素和所有业务部门及其关于企业整体的风险管理，是相对于传统的单风险因素或单业务部门的风险管理而言的。其核心是用系统的、动态的方法进行风险管理，以控制运行项目过程中的不确定性。

它不仅使各层次的项目建立风险意识，重视风险问题，防患于未然，而且在各个阶段、各个方面实施有效的风险控制，是一个前后连贯的管理过程。企业通过在管理的各个环节和经营过程中执行风险管理的基本流程，能够培育良好的风险管理文化，建立健全风险管理体系，包括风险管理策略、风险理财措施、风险管理的组织职能体系、风险管理信息系统和内部控制系统，从而为实现风险管理的总体目标提供保障。

二、企业风险识别分析

风险识别也称作风险辨识，即准确地辨别出可能会影响企业战略目标的实现和战略绩效达成的风险事件，产生不利结果的条件、情况、原因和环境，并对风险事件发生的概率、影响程度以及损失进行分析和估量。但是任何风险都不是直观显露、显而易见的，多数情况下，风险隐蔽在企业管理的各项活动、各个环节、各个方面以及各个时期，很难被发现，甚至风险可能存在种种假象，具有极大的迷惑性，同时，风险的基本理论说明，风险具有多发性的特征，通过研究各种风险发生的概率可以探索风险事件的某种规律，从而可以辨识其存在、衡量其大小，为风险的预警和控制提供依据。可见，识别和衡量风险在企业管理中极为重要。

三、企业风险识别的方法

风险是客观存在的事实，所承受风险的大小与面对风险的客观主体是密切相关的。企业在市场经济活动中所面对各种风险的大小，是由企业所决定的，有的企业获取信息的能力很强，企业管理人员在对市场信息的分析过程中能做到去伪存真，从而减少因为信息不对称所带来的种种风险。所以企业所掌握信息的数量多少以及企业管理者的分析判断能力在企业识别风险的过程中起着至关重要的作用。但是，仅依靠这些是不够的，最重要的是要构建一种风险识别预警机制，由专门的工作人员做信息收集和风险分析工作，这样才能形成一套系统的、行之有效的风险识别体系，只有这样的体系才能为企业的健康发展保驾护航。风险识别方法很多，但并不是每一种都适用于企业，特别是一些比较专业的识别方法，对使用人员的相关知识要求很高。企业管理中常用的风险识别方法主要有以下几种。

（一）财务报表分析法

财务报表分析法是以企业的资产负债表、损益表、现金流量表、所有者权益变动表和财务报表附注等资料为依据，对企业的资产、负债、所有者权益、资本机构、反映企业运营状况的各种财务指标等财务数据的变化进行逐年对比分析，以便从财务的角度发现企业面临的潜在风险。财务报表是综合反映企业财务状况和经营成果的一张“晴雨表”，企业所有的经营信息都体现于其中。因此，加强对财务报表的分析有助于发现企业在经营管理过程中存在的缺陷，从而为相关工作人员发现风险提供相关的线索。

财务报表分析的主要内容包括以下几项。

1. 资本结构与资金分布分析

企业就像生命体一样，它需要资金这种“血液”来维持正常的活动，供应整个企业系统的运转。因此，企业资本结构与资金分布是否合理势必严重影响着企业的发展。对于企业来说，既要保证资金有合理的来源，还要保证资金在企业的生产运转中进行通畅的循环。所以，企业应该预留一定数量的资金，用以防止企业大量资金停滞在生产销售环节而出现资金断流的情况。这种情况在企业扩张的过程中是非常常见的，一旦发生这种情况就会导致整个企业资金链的断裂，资金循环出现问题，风险也就出现了。

2. 财务报表趋势分析

趋势分析是对企业连续若干年的资产负债表和损益表的各个项目进行比较分析，得出相关项目金额的增减变动方向以及变动幅度，通过趋势分析来判定企业当前的实际财务状况。例如，通过资产负债表和损益表比较分析，发现企业的存货数量是逐年上升的，在资产中所占的比重也越来越大，但是每年的营业收入水平却保持稳定，这就说明企业的产品销售出现了问题。这时企业管理人员就要探究存货出现堆积的原因是什么，是企业的生产销售环节出现了脱节还是企业扩张导致的。如果在比较历年的资产负债表后发现，企业每年的负债是节节攀升的，而企业的偿债能力却没有增加，这就意味着企业可能陷入债台高筑的境地。这时企业为了生存下去，不得不加大借款力度，最终陷入债务纠纷甚至破产清算。这些都是企业在经营过程中很容易出现的风险，只要对财务报表中相关数据的变化趋势加以简单分析即可得出。但是，对于一些比较深层次的问题，则需要通过其他的手段来对报表进行分析，最常用的就是对企业的各种经营指标进行分析，通过各种比率来反映企业的营运状况。

3. 财务报表的比率分析

比率分析就是将财务报表之间的若干个项目进行比较，以得出能反映企业经营状况的各种比率。常用的比率有：资产利润率——反映企业资金的获利能力，资产负债率——企业偿还债务的能力，存货周转率——反映存货每年的周转次数等。还有流动比率和速动比率，它们都是反映经营状况常用的指标。对于每个指标来说，每个行业都会存在本行业的平均值，这个平均值代表了企业的平均水平。因此，企业可以将自身的指标与行业的平均指标甚至该指标的最大值进行对比，以此来发现差距。如果与平均值差距太大，且是处于同行业最低水平，那么企业就应该注意，这一现象产生的原因是什么，企业在历史同期都会出现这种情况还是突然出现这种情况。如果这种情形以前没出现过，那就得注意企业在这一方面是否存在风险。

总之，财务报表就是一张企业生产经营活动的汇总表，财务人员通过分析可以发现很多的有用信息，甚至可以看出潜在的风险和损失。但是，这种方式也有它的局限性，因为它是依靠数据说明问题，所以很多以非货币性形式存在的问题就无法通过财务报表反映出来，如员工素质、企业制度、管理人员的管理风格等，这时候就需要参考企业财务报表附注来进行判断。报表附注可以对一些问题出现的原因进行阐述，但是也不可能全部说明情况，因此，在使用这种方式识别企业风险时还要注意结合其他方式方法，以做到取长补短。

（二）事件清单法

事件清单法也被称作标准调查法，是一种在调查过程中广泛使用的工具。在这种方法中，所涉及的事件对于同一行业的不同企业来说都具有重要的意义和价值。制作这种事件清单的基础在于同行业企业在某一事件上所具有的可比性，也就是说，这些事件在不同企业之间是可以进行比较和对照的。以软件行业为例，企业每年的研发资金投入、员工的整体素质水平、整个企业的人员流动率等都可以作为调查的对象。通过这些具体的数据和指标，可以更好地了解与评估企业在行业中的竞争地位和发展潜力。这种方法不仅能够提供客观的数据支持，还能帮助企业发现问题、改进管理，从而在激烈的市场竞争中脱颖而出。

（三）访谈法

访谈法是指分析人员通过与员工进行面对面的交流，加深对员工工作的了解以获取工作信息的一种工作分析方法。其具体做法包括个人访谈、同种工作员工的群体访谈和主管人员访谈。在企业风险管理中运用这种方法时，主要是由管理人员通过制订详细的访谈计划，对相关部门熟悉业务流程、有经验的管理人员进行访谈，了解和讨论存在的风险，并形成访谈记录。

这种方法的优点是获取的信息更加深入、全面和详细，行为具有很强的针对性；可以深入到受访者的内心，了解他们的心理活动和思想观念；深入地了解风险的发生背景和影响风险的决定性因素；访谈人员有更多机会分享和了解受访者对于潜在风险点的看法，以及他们对企业运行情况的不同角度的认识和意见。

（四）流程图法

流程图法是指将企业生产经营管理的某一过程进行细化，通过建立一个流程图，使得该过程中的每个关键控制点都在流程图中得到体现。在进行风险识别分析时，管理人员只要将企业的实际操作方法与每一个环节逐一对照，一经分析就可发现潜在的风险和问题。对于出现的问题，只要在流程图中进行对照，即可发现问题的根源所在。这种方法在内部审计中是非常实用的一种方法，在企业的经营管理中发挥着巨大的效应。

（五）专家调查法

专家调查法是指通过引用专家的专业知识和工作经验，发挥他们的专业特长来识别可能出现的风险及风险的大小。这种方法在企业管理中是非常普遍的一种做法，具有很强的针对性。专家调查法具有多种形式，如集合意见法、德尔菲法等。通常来说，运用这种方法的步骤有以下几个。

（1）选择目标项目，选聘相关领域的专家。

（2）专家对目标项目进行专门的风险分析。

（3）收集专家意见并整理分析结果，再将结果反馈给专家。

（4）综合专家的再次反馈，对有异议的部分进行再次分析，直到对分析结果满意为止。

实践证明，专家调查法是一种科学的方法，它在实际生产生活中的应用取得了良好效果。但是，必须慎重选择专家，不要迷信权威，并及时提出疑问，这样才能得出客观、正确的结果。

（六）风险临界法

风险临界法作为一种在企业风险管理领域中应用极为广泛的方法，已经成为企业日常管理中不可或缺的一部分。它不仅是一种常用的风险识别工具，而且能够根据识别结果来评估和判断当前面临的风险程度。这种方法的核心原理在于将企业当前发生的各种事件与预先设定的一系列标准进行细致的对比分析。当识别出的风险达到或超过某个临界值时，就会立即引起管理人员的高度关注，从而迅速采取相应的应对措施。

企业可以根据不同的风险临界值设定不同的应对策略，以确保在面对不同类型和程度的风险时能够采取最合适的措施。通过这种方法，企业能够更加高效地进行风险管理，从而在降低风险带来的潜在损失的同时，也能够有效控制风险管理的成本。通过精确地识别和应对风险，企业能够更好地保障自身的稳定运营，提高整体的风险管理效率，确保在激烈的市场竞争中保持竞争优势。

四、企业财务风险防范措施

（一）完善企业内部控制制度

企业内部控制制度要结合各企业实际的管理流程、管理活动、管理要素与职责等方面来建立。企业内部控制制度的建设要考虑其长久性和延续性，适合企业长期战略和长远发展目标，也要考虑内部控制制度的适宜性、充分性和可操作性，这样才能使内部控制活动真正发挥作用。若内部控制制度未与企业的实际经营现状相结合，不是量身定做，而是简单地照搬照抄，那么，内部控制活动不仅不能发挥出应有的作用，还会增加企业额外的成本。另外，企业制定内部控制制度要充分考虑该企业的发展阶段。一个企业处于发展初期、成长期、成熟期、衰退期等不同的发展阶段，对内部控制制度的要求也不一样，要对企业进行系统的识别，制定出适合企业自身发展阶段的内部控制制度。虽然现在有专业的机构可以为企业设计和制定内部控制制度，但专业的机构只是在内部控制方面的相关知识掌握上占有优势，对企业的实际情况、各个业务流程、关键环节的把控等方面没有企业内部人员熟悉。企业可以通过“外部专家带队、内部骨干参与”的方式，实行优势互补，共同设计和制定内部控制制度。当然，企业也完全可以依靠自己的力量，制定出真正符合本企业现阶段发展需要的内部控制制度。首先，企业高层管理者要对内部控制制度的建设高度重视。其次，内部控制制度的制定者要认真负责，要组织企业各部门积极参与，对企业的关键环节、关键业务点进行相关的监督，务必保证内部控制制度流程步骤清晰流畅，风险点标注准确，控制点到位。最后，制定出来的内部控制制度要经集体评审。集体评审的过程既能突出高层管理者对内部控制活动的重视度，有利于下一步内部控制活动的顺利开展，也能发挥各部门对其业务流程熟悉的作用，对其内部控制制度进行及时的、合理的修订，使其更加完善，同时，集体评审的过程也是很好的内部控制制度的学习和培训方式。

（二）优化企业财务结构

在进行企业财务风险防范工作的过程中，应对其财务结构优化方面进行深入思考，促使相应防范工作计划的制订与实施更加科学、合理。在此期间需要做到以下几项。①企业应根据生产经营中不同的资金需求，选择不同期限的筹资方式。比如，购建固定资产、资本投资等方面的资金需求，可以采用中长期债务融资模式，而季节性生产、临时性短期资金需求，建议采用短期借款或赊欠货款等方式，为自身财务结构的不断优化提供参考依据，实现对财务风险的科学防范。②企业应择优选择债务利率结构，以利于降低利率风险，降低其实际利率，并通过对专业理论知识、创新理念等要素整合利用方面的思考，优化生产经营中的财务结构，为企业财务风险防范水平的不断提升打下基础。

（三）丰富财务风险防范方法

为了增加企业财务风险防范中的技术含量及优势，满足其防范工作计划高效实施要求，则要丰富这方面所需的防范方法。在此期间应做到以下几项。①加强利用信息技术。在开展财务风险防范工作中，利用经整合的信息资源，提升企业信息文化水平，为防范财务风险提供有效保障。②加强精细化管理方式使用。处理好企业财务活动开展中的细节问题，并对其风险防范要求及实际情况进行更多考虑，丰富财务风险防范中的技术手段，从而提升这方面的技术水平。

（四）加强资金运用风险控制

基于企业财务风险防范的研究，为了实现对其资金的科学运用，则需要落实好风险控制工作。其工作内容包括以下几项。①控制采购成本。降低采购成本，企业不仅可以减少现金流出，而且可以直接降低产品生产成本、提高市场竞争力。因此，企业需要加强采购环节的风险控制，避免增加其成本费用。②注重对生产过程风险的有效控制，细化其防范工作流程，对企业资金运用水平及风险防范水平提升给予必要的支持。

（五）其他方面的防范措施

在对企业财务风险防范方面进行探讨时，还需要考虑以下防范措施的配合使用。①开展好专业培训活动，实施好奖惩机制，不断强化人员方面的防范意识，避免人员因素对企业财务风险防范效果造成影响。②健全财务风险防范工作体系，为相应工作开展提供科学指导，促使企业在未来实践中的财务水平能够保持在更高层面上，拓宽其风险防范工作思路。③积极开展财务风险防范效果评估工作，处理好其中的细节问题，促使企业在资金高效利用、财务工作水平提升等方面能够得到更多保障，为现代企业长效发展打下坚实的基础，并将风险防范工作水平保持在更高层面上，在科学应对企业资金问题方面给予必要的支持。

第六章 现代企业智能财务内部控制研究与应用

第一节 智能财务内部控制概述

一、智能财务内部控制的内涵

（一）智能财务信息系统的特点

智能财务信息系统本身既是一个网络化的会计信息系统，又是一个事项驱动型的会计信息系统。它具有如下特点。

1. 工作环境网络化

智能财务信息系统的突出特点是工作环境网络化。通常来说，因特网是智能财务信息系统有效运行的平台，网络机房和服务是智能财务信息系统运行的发动机，而数据库则是信息存储和数据处理的核心。

智能财务信息系统是对“事项”进行记录、描述和管理的会计信息系统，它离不开数据库技术的支持，这是因为数据库是全部事项的信息仓库，是所有操作的数据平台。

2. 计算机设备成为主要的操作工具

智能财务信息系统的操作工具不再是传统的凭证、账簿、笔墨、算盘、计算器，取而代之的是计算机、读卡器、POS 机、网络设备及各类办公自动化软件、专业财务软件等。

3. 工作流程网络化

在智能财务信息系统中，所有人员的工作都在一个开放的网络中进行，基本账务处理的流程发生了变化。许多工作均通过网络来完成，诸如网上申报、网上审批、凭证传递、数据更新、信息沟通等网络应用越来越多。

4. 工作效率有效提高

智能财务信息系统借助计算机信息技术将过去烦琐、重复的人工劳动转变为利用计算机自动处理，大大提高了工作效率。随着信息技术的发展，系统软件越来越完善，越来越向智能化方向发展。减少人工干预，将更多工作程序化，由核算型向管理型、决策型转化是智能财务信息系统发展的方向。

5. 会计信息提供更具个性化

智能财务信息系统改变了传统会计信息系统从会计部门到信息使用者的单向系统提供模式，使得信息使用者拥有更多的自主选择权。与传统会计信息系统不同的是，网络财务信息系统强调在不完全了解信息使用者的需求和决策模型的情况下，会计部门应立足于提供各种可能的与决策模型相关的经济事项，由信息使用者根据决策需要对数据进行选取，这样更能提高会计信息的决策有用性。由于直接面向使用者，故使用者可以根据自己的需要从企业最原始数据出发进行数据加工并获取信息，同时信息使用者不再仅限于管理人员，还包括众多个人信息用户。显然，这种双向模式使智能财务信息系统赋予了使用者更多自主选择会计信息的权力，极大地提高了会计信息的使用效率和公开性，使信息提供更具个性化。

6. 信息共享性有效提高

智能财务面向业务事项本身，改变了传统会计信息系统各个职能部门信息相互隔绝的状态，并将所有信息存储在共同的数据库中，使得会计信息集合程度更高，而且由于财务数据与业务数据具有共同来源，所以各级职能部门均可使用同一数据库的原始数据（当然，对其使用设有严格的权限控制）。除了财务部门的信息共享外，财会部门和单位其他部门也可以通过开发集成数据接口开放和共享一些公共信息来提高这些公共信息的同一性与准确性。

7. 信息处理及时性有效提高

在网络环境下，对企业来说，生产、销售、人事、仓储等各个分支部门可借助网络将各自的信息实时传输到企业的统一资源数据库中，再由财务部门实时处理后将相关信息反馈回去，从而可以使财务部门和其他职能部门随时保持沟通；在对外公布方面，企业可以通过网络技术在保证自身数据安全基础上将企业自身动态数据信息实时传送给各相关部门的信息使用者。各种信息使用者通过网络便能实时了解目标企业运营状况，这使得信息处理速度明显提高，智能财务信息系统信息处理的及时性也有效提高。

（二）智能财务内部控制的变化

智能财务信息系统的上述特点使得智能财务内部控制相比于传统会计内部控制发生了很大变化，主要表现在如下几个方面。

1. 内部控制环境

对于智能财务信息系统而言，由于其完全依靠计算机、网络等进行工作，所以传统的控制环境在智能财务信息系统中已不存在。它的内部控制环境更多是以网络、数据库、信息和数据的传递等虚拟环境为主。

2. 内部控制的范围和内容

对于智能财务信息系统而言，内部控制的范围在扩大，其内容也发生了很大的变化。控制范围主要增加了网络控制和系统控制，其中网络控制包括网络的安全、病毒防护等，系统控制包括系统的设计、开发、软硬件的运行维护等。新的控制范围带来了新的控制内容，主要包括网络安全控制、数据库安全控制、病毒防护，系统的设计、开发，软硬件的运行维护，使用权限和口令的控制，计算机数据处理的程序和控制等。

3. 内部控制的重点

网络信息系统自身的特点，决定了内部控制的重点和传统会计内部控制有很大的不同。传统会计主要是对人的控制，其重点是凭证和账簿、报表的核对、签字盖章等。智能财务信息系统建立起来后，很多原来需要人工完成的工作转为由计算机程序自动完成，因此，内部控制的重点由对人的控制转变为对人、机进行控制，其内容包括网络、系统的安全，数据的备份，会计原始数据的输入，会计信息的输出，人机交互处理控制，会计信息访问权限控制以及不同系统间的连接与控制等。也就是说，在智能财务信息系统中，除了对会计核算和业务管理的控制外，对信息系统本身的控制将是重中之重。

4. 内部控制的手段

由于控制环境的变化、内部控制范围的扩大，智能财务信息系统拥有了全新的内部控制内容，内部控制的重点也转向网络和系统方面，所以内部控制手段也有了很大的变化。传统的会计主要采用的是严格的凭证控制制度。而在智能财务信息系统中，对于网络、系统等方面的控制往往是看不见、摸不着的，这主要靠一些计算机设备和信息技术来实现。同时，业务处理方面的控制主要依靠交易授权、人员权限控制、相关业务的程序化控制来实现。

（三）智能财务内部控制的优势及难点

1. 智能财务内部控制的优势

（1）交易授权自动完成。在企业管理中，交易授权可确保会计信息系统处理的所有重大交易都是真实有效的，业务都是实际发生而且符合企业管理目标的。交易授权是企业内部控制手段。在传统企业管理中，交易授权通过人为设定控制程序由经办人员执行；在网络环境下，由于企业信息处理高度集成，特别是原来许多通过手工完成的工作内化于计算机软件中，故通过设定软件和数据使用权限可自动完成交易授权活动。在网络环境下，多数交易授权都可以通过计算机程序自动实现，无须外力介入。

（2）监控与操作的分离实现系统的有效牵制。在网络环境下，部门工作人员大大减少，许多工作由计算机自动统一执行，不再需要以多人重复劳动为代价的“多方牵制”内部控制手段。在智能财务信息系统中可以设置操作与监控两个岗位，通过对每笔业务同时进行多方备份，把会计人员处理账务时的操作和结果数据同步记录在监控人员的机器上，有利于监控人员即时审查。通过岗位划分、设定系统权限、使用信息技术便可实现有效牵制。

（3）数据处理由系统自动完成，提高了工作效率及准确性。智能财务信息系统很大的一个优势就是把原来手工进行的数据处理工作变为由系统自动完成。会计人员录入记账凭证后，总账、明细账、日记账等各类账簿都根据凭证内容由计算机自动登记完成，同时，各类报表也由计算机根据设计好的报表格式及计算公式自动计算填入，这使得工作效率大大提高，数据的准确性也能得到保证。这样，传统会计中账簿、报表的正确性检查在信息系统中就完全没有必要了。当然，这也带来了内部控制方面的一个难点，就是数据的无痕迹修改问题。

（4）通过程序控制相关业务流程，实现核算要求，减少人为错误。在智能财务信息系统中，大多数的核算要求、业务流程可以通过系统进行控制。例如，在系统中设置好会计科目的核算内容，则某笔经济业务应该由哪个科目支出，计算机均有严格的控制，若违反控制规则，凭证就无法录入和保存。再如，一些业务流程也可以在系统中设计好，这样计算机就会严格按照程序执行。很多原来由人控制和执行的东西，都可以程序化嵌入系统中，由计算机来严格执行，从而可以避免人为因素的影响，使可靠性大大提高。

网络技术对会计信息系统内部控制的促进和完善远不止以上几个方面。如它在提高会计工作效率、减少人力劳动的同时，可使企业内部控制更加有效。其突出表现是提高了系统内部信息传递的及时性，从而使系统错误可以在短时间内被发现，减少了由错误带来的累计损失；使控制措施程序化，减少了人为因素的影响和执行的偏差，提高了效率和会计信息的质量。另外，网络技术使单位各个职能部门之间的资源实现了共享，便于同一笔经济业务的相互核对和稽核。

2. 智能财务内部控制的难点

智能财务信息系统的建立，带来了许多新型的控制技术和手段，使工作越来越快捷和便利，并完善了传统内部控制的含义和内容。但它同时也带来了许多问题和困扰，具体表现如下。

（1）网络安全问题。在享受网络服务的同时，网络安全问题一直困扰着人们。目前，各种对系统的恶意攻击、病毒的传播、数据库的侵入等都是通过网络这一途径进行的，因此，网络安全问题不容忽视。

（2）系统和数据安全的问题。智能财务信息系统的安全性问题，归根结底就是系统和数据的安全。硬件设备的损坏可以通过维修、更换来解决，但是数据的损坏和丢失是难以弥补的。在传统会计环境下，所有的会计数据都是用具体的纸质文件记载下来的，如凭证、账簿、各类报表等，并且这些数据和资料作为会计档案有着严格的管理制度。但是在智能财务信息系统中，由于其不可见性而容易被盗用、篡改、破坏，而且事先不容易察觉系统和数据的破坏。因此，系统和数据的安全是会计信息系统内部控制面临的又一个难题。

（3）系统维护人员控制的问题。在传统会计中，是不存在系统维护这一岗位的。但是在智能财务信息系统中，它是一个极其重要的岗位。尤其是拥有最高权限的系统管理员，他肩负着整个系统的运行维护工作，掌握着系统的各类密码，能够访问系统核心数据库，是整个信息系统安全的守护者。缺乏有效监控的过高权限又使得这一岗位成为系统安全的一大隐患，这是一个很矛盾的问题。要想解决这一问题，一方面应提高系统管理员的职业道德水平和专业素质；另一方面应采取有效的控制手段对系统管理员的工作进行监督和控制。

（4）数据修改的问题。会计实行电算化后，数据修改的问题就同时出现了。在现在的智能财务信息系统中，这一问题尤为突出。在传统会计中，会计数据的修改有一套严格的制度和操作规范，如记账凭证的修改。一般已经经过复核并登记入账的凭证，是不能被直接修改的，需要采用红字冲销法，即将原来的错误凭证冲销后重新填制凭证。又如账簿的登记，如有错误需要采用划线更正法更正，同时账页不能损毁，不能缺页。这些能保证信息的更正都留下痕迹，便于检查和监督。在信息系统下，很大的一个问题就是数据的修改问题，不论是凭证、账簿，还是报表，由于很多工作是由计算机自动完成，若未对系统进行相关设置，会使数据的修改不留下任何痕迹，无法对其进行有效监控和检查。特别是为了工作的方便，一般软件都提供了反过账、反结账功能，即已经入账的凭证也可以更改，账簿也会随之自动更正，从而给内部控制带来隐患。

（5）各种业务控制实施的问题。在传统会计下，财会人员分工明确，有严格的业务流程，每个步骤都需要相关人员签字盖章予以确认。虽然这样做工作量大，比较烦琐，但内部控制制度能够切实得以执行。智能财务信息系统建立起来后，很多工作均由计算机自动完成，原来的签字盖章不再适用，业务处理的过程很难被观测、审核和监控。如何在不影响工作效率、不增加工作量的情况下，实现内部控制制度的有关要求，是智能财务内部控制具体执行的难点所在，这不仅需要有完善的内部控制制度，更需要信息技术、计算机设备的强有力支持。

二、智能财务内部控制体系的设计

简单地说，智能财务内部控制设计的指导思想就是以内部控制理论为依据，发挥智能财务信息系统在内部控制方面的优势，利用信息技术和计算机设备解决其面临的难题。

（一）智能财务内部控制的设计原则

1. 合法规范原则

智能财务内部控制的设计应当遵循国家有关法律法规及单位自身有关管理制度的要求，以保证每一项经济活动在合法、合规的状态下开展。

2. 成本效益原则

由于智能财务信息系统自身的特点，内部控制不可能做到尽善尽美，而且相对于传统会计内部控制来说，智能财务内部控制在软件和硬件的投入方面也要大得多，因此，需要讲究成本效益原则。一般来说，控制程序的执行成本不能超过可能由风险或错误造成的损失或浪费，其基本标准是实行控制的收益应大于其成本，否则再好的控制措施和方法也将失去存在的意义。

3. 针对性强原则

智能财务内部控制应该有很强的针对性，应该依据智能财务内部控制的优势和所面临的难题，针对内部控制的薄弱环节，找出关键控制点，制定具体内部控制程序和相应实施手段。

4. 内控严疏和效率高低协调的原则

单纯从会计工作上来讲，需要最为严格的内部控制。但是如果内部控制实施后使得原本简洁的工作流程变得复杂、工作效率大幅降低，则该内部控制制度并没有可操作性，故应该在这两者之间找到一个平衡点。

5. 重要性原则

智能财务内部控制应该突出重点、照顾一般。在把握事项的重要性方面，应该考虑该事项对系统的影响力、业务性质、金额大小等。

6. 安全性原则

和传统会计内部控制不同，智能财务内部控制的首要问题就是安全性问题，其中最核心的就是系统和数据库的安全。系统不安全，就无法正常运转，就不能提供可靠的会计信息；数据库一旦被破坏，其损失将是无法弥补的。

7. 实用性原则

智能财务内部控制的设计与建设，是以理论为依据的，但绝非为了研究理论而建设，因此，实用性是非常重要的原则。内部控制的建设不是仅制定一个原则并把它挂在墙上，而是能够将其切实有效地贯彻执行。要特别注重将内部控制嵌入系统中去，并利用各种信息技术、计算机设备等有效的手段来实施它。

8. 一般性原则

一般性原则也就是传统会计内部控制所说的相互制约、职责分离、审批监督等原则，这些原则在智能财务内部控制中依然有效，所不同的是要将它们嵌入系统中去，并将人工控制转换为程序控制。

9. 发展性原则

随着企业情况的发展变化，以及信息系统的完善和发展，智能财务内部控制环境也将发生变化，控制的关键点和内容也会有所变化。智能财务内部控制的设计应该始终关注上述因素变化，定期评估并适时作出调整，以适应企业财务管理的发展需要。

（二）智能财务内部控制的整体框架设计

对于智能财务而言，其内部控制整体框架同样可以依据 COSO 报告的要求来设计，其具体内容如下。

1. 控制环境

COSO 报告指出，控制环境包括管理哲学、组织结构、董事会或审计委员会、人力资源与实务、权责分派方式、品行与价值观、胜任能力等。对于智能财务内部控制而言，最主要的是建立健全组织结构，并根据工作和内部控制的需要设置不同的人员角色，赋予不同的操作权限。一般来说，操作人员可以分为以下几类：财务主管、系统管理员、一般核算人员、管理人员、稽核人员等。权限的分配既要考虑工作的顺畅，又要考虑相互制约。同时，加强人员的职业道德教育，提高各类人员的专业技术水平，也是非常必要的。

2. 风险评估

控制环境和风险评估是提高企业内部控制效率与效果的关键。对于智能财务而言，对其内部控制的研究不可能脱离其赖以生存的环境和企业内外部的各种风险因素，且应分析智能财务内部控制发生了哪些质的变化，以及这些质的变化对智能财务的潜在影响。对此，必须从环境因素及其风险成因入手，对智能财务可能存在的各种风险进行全面分析和评估。必要时可设置风险评估部门或岗位，专门负责有关风险的识别、规避和控制。

3. 控制活动

企业应首先根据风险分析，结合业务流程，找出关键控制点，然后对这些控制点设立良好的控制活动。控制活动应该涵盖诸如核准、授权、验证、调节、复核、保障资金安全及权限控制等各项活动。对于智能财务而言，控制活动大致可分为网络控制、系统控制、数据库控制、各种具体业务活动控制。还可将控制活动分为事前预防、事中控制、事后审计来具体加以实施。

4. 信息与沟通

智能财务的信息与沟通一般包括会计内部的信息与沟通、会计部门和其他职能部门之间的信息与沟通，有些还包括会计部门和单位外部的信息与沟通。在会计部门内部，信息是通过财务内部局域网来传递的，这些传递和沟通根据具体业务控制等需要，可以是单向的，也可以是双向的甚至是多向的，而且这些信息与沟通是嵌入系统中，由程序来完成的。对于会计部门和单位其他职能部门之间的信息与沟通，其主要目的是实现各部门之间的信息共享，提高工作效率，提高信息传递和处理的及时性，这一部分主要可以依靠在各部门之间开发数据接口来完成。至于会计部门和单位外部的信息与沟通，主要是指一些基于互联网的网上应用业务。总体而言，对智能财务而言，内部控制中的信息与沟通主要是通过网络，借助信息系统来完成的。

5. 监控

传统的监控一般包括日常内部稽核和审计、自我工作评估等。由于控制环境的变化、风险点的不同、控制活动实现方式的改变以及信息与沟通的网络化、程序化，智能财务内部控制的监控内容发生了很大的变化，主要包括对网络平台的监控、对系统整体运行情况的监控、对信息传递过程的监控和对具体业务的监控。除了可借助传统的会计稽核和审计手段外，还可以借助防火墙、安全审计系统、信息系统的实时监控模块等设备和技术来完成监控。

（二）智能财务内部控制的主要内容

基于以上对智能财务内部控制整体框架的分析，可以认为智能财务的内部控制主要包括以下内容。

1. 网络控制

网络是智能财务信息系统运行的平台，网络控制的主要内容是网络安全控制。网络安全方面的威胁主要包括外部网络的安全威胁、内部网络的安全威胁、网络病毒的威胁等。

2. 系统控制

系统控制包括信息系统的开发控制、维护控制，对服务器、客户端的运行控制，系统身份认证和权限控制等。

3. 数据库控制

智能财务最重要的就是数据库的安全。这部分的控制内容主要包括数据库安全防护、数据库操作权限的控制、数据库使用变动情况的实时监控和事后审计、数据库的备份和恢复机制等。

4. 具体业务控制

具体业务控制主要涉及财务管理中业务流程的具体工作控制。它包括岗位设置、职责分工、授权批准、信息输入控制、信息流程控制、数据处理控制、数据输出控制、重要业务的实时监控等。每个企业根据自身信息系统的具体情况和要求，会有不同的控制内容。

（三）智能财务内部控制的目标

智能财务内部控制的目标按照所要解决的问题和所要达到的目的，可概括为以下六个方面。

1. 确保系统的合规合法

信息系统与手工业务操作一样，其本身及其所处理的经济业务必须符合国家的有关法律、法令、方针、政策，以及有关部门颁布的各种规章制度、条例等，如现行的会计制度、财务制度等。因此，在设计系统的过程及系统运行阶段中，必须建立适当的内部控制，确保系统及其所处理的经济业务合规合法。

2. 保证系统处理数据的正确无误

保证系统处理数据的正确性，是智能财务内部控制的基本目标。为了保证系统处理数据的正确性，在系统设计过程中，要注意设计程序化的控制，如平衡控制、合法性控制、综述核对控制、合理性检验、纠错系统检验、输入数据类型检验、顺序检验等。在系统运行过程中，要对数据输入环节进行严格的控制，确保输入数据的正确性。

3. 提高系统的安全性

保证计算机系统的安全可靠，是系统能够正常运行的前提和基础。因此，在系统正式投入运行之前，就应考虑系统的安全性。应通过建立严密完善的硬件、软件和数据安全措施来保证系统安全、可靠。

4. 提高系统运行的效率

信息系统的运行效率在很大程度上取决于输入数据的速度。因此，在系统输入设计中，可采用适当的控制设计技术，提高系统输入的效率。例如，在智能财务信息系统中，可用计算机自动生成凭证编号，以编码的形式输入会计科目，规范摘要的格式，用代码输入常用的摘要等。

5. 提高系统的可维护性

系统维护的工作不仅量大而且复杂。可维护性是指系统易理解、易修改和可扩充。为了达到这一控制目标，从系统开发工作开始，就应该考虑到今后的维护工作。在系统开发过程中，必须对系统开发的每一个环节进行严格的管理和控制。

6. 增强系统的可审计性

所谓可审计性，是指有能力、有资格的审计人员，能够在一个合理的时间和人力限度内，对系统的正确性和可靠性等作出公正的评价。影响计算机信息系统的审计线索既容易被销毁，也容易被篡改，若设计时考虑不周，则很难进行事后审计。因此，只有在计算机信息系统的输入、处理和输出等设计环节采取适当的控制措施，如在智能财务信息系统中设立总账、明细账、记账凭证等各种数据库，才能保留各种审计线索，才便于对会计数据进行追踪审查。

第二节　智能财务内部控制的实现

一、网络控制

对于网络控制而言，网络安全是其最主要的控制内容。

（一）网络安全面临的主要威胁

（1）网络机房的安全。

（2）各种病毒的破坏。

（3）由内部用户的恶意攻击、误操作等造成的系统破坏。

（4）来自外部网络的攻击，具体有以下三个方面。①黑客的恶意攻击，窃取信息。②通过网络传送的病毒和因特网中的电子邮件携带的病毒。③来自因特网的 Web 浏览可能存在的恶意控件。

（5）缺乏有效的手段监视、评估网络系统和操作系统的安全性。目前流行的许多操作系统均存在网络安全漏洞。

（二）网络控制方法

1. 配置硬件设备

配置硬件设备主要是指加强控制中心（网络机房）的安全建设，配置硬件防火墙、入侵检测设备、防病毒网关等网络安全防护设备和网络版防毒软件。

2. 加强制度建设

对于网络控制，除了部署安全防护设备外，还应加强制度建设，如机房管理制度、网络管理制度、设备管理制度等。

二、系统控制

系统控制主要包括对操作系统和各类应用系统的控制。对系统进行控制时，除了应利用信息技术设备外，还应加强安全管理制度的建设。

（一）操作系统控制

操作系统是整个智能财务信息系统运行的平台，其安全性至关重要，因此系统控制首先应做好操作系统的内部控制。由于操作系统面向所有的用户，再加上自身的缺陷，所以它时刻面临着来自各方面的潜在威胁，包括系统内部人员的滥用职权、越权操作和系统外部人员的非法访问甚至破坏，还包括各类针对操作系统的网络攻击以及各种各样通过操作系统破坏整个智能财务信息系统的计算机病毒等。要提高操作系统的安全可靠性，除了要尽可能地选用安全等级较高的操作系统产品，并经常进行版本升级外，还应在日常管理控制上采取以下措施。

（1）指定专人对系统进行管理，删除或者禁用不使用的系统默认账户。

（2）制定系统安全管理制度，对系统安全配置、系统账户及审计日志等方面作出规定。

（3）对能够使用系统工具的人员及数量进行限制和控制。

（4）定期安装系统的最新补丁程序，对可能危害计算机的漏洞进行及时的修补，并在安装系统补丁前对现有的重要文件进行备份。

（5）根据业务需要和系统安全分析确定系统的访问控制策略。系统访问控制策略拥有控制分配信息系统、文件及服务的访问权限。

（6）对系统账户进行分类管理，权限设定应当遵循最小授权要求。

（7）对系统的安全策略、授权访问、最小服务、升级与打补丁、维护记录、日志及配置文件的生成和备份、变更审批、符合性检查等方面作出具体要求。

（8）规定系统审计日志的保存时间，为可能的安全事件调查提供支持。

（9）进行系统漏洞扫描，对发现的系统安全漏洞进行及时修补。

（10）明确各类用户的责任、义务和风险，对系统账户的登记造册、用户名分配、初始分配、用户权限及其审批程序、系统资源分配、注销等作出规定。

（11）对于账户安全管理的执行情况进行检查和监督，定期审计和分析用户账户的使用情况，对发现的问题和异常情况进行相关处理。

（二）应用系统控制

应用系统控制包括系统开发控制和系统运行维护控制。

1. 系统开发控制

（1）系统方法控制。一般由信息化管理部门具体负责系统方案的制定。首先要进行充分的调研，作出详细的需求分析。在方案设计出来后，由相关领导、信息管理部门、系统使用人员等对功能实现情况进行讨论，进行项目可行性和实用性的研究与分析后再确定开发方案。

（2）开发过程控制。如果是自主开发，首先要明确各个阶段的任务、人员分工、文档编制等内容；其次，要求开发工具、开发文档编制标准化和规范化，这样有利于系统开发的分工合作和今后的运行维护。每一个阶段的工作结束后，要形成阶段开发报告，经论证审定后才能进入下一阶段，并作为下一阶段的依据。如果是委托软件商开发，应与软件商签订开发协议，明确知识产权的归属和安全方面的要求，提出详细的要求报告。

（3）系统测试和验收控制。在网络环境下，应利用网络在线测试功能，检验整个系统的完整性、可靠性，并对非法数据的容错能力、系统抗干扰能力和发生突发事件的应变能力以及系统遭遇破坏后的恢复能力进行重点测试，并核实既定控制功能能否在系统中有效实现。一旦发现网络系统中的各类软件存在漏洞，应立即进行在线修补与升级，并将所有与软件修改有关的记录报告即时存储归档。

在系统正式使用前，应组织专家、软件商、使用单位进行系统验收，形成验收报告。验收内容主要包括系统是否安全、是否达到设计方案和合同规定的功能要求、系统技术文档是否交付完整、软件包是否经过检测且不含有恶意代码等。

2. 系统运行维护控制

（1）系统的运行维护由系统管理员负责，除此之外不得再有其他登录系统的账户和密码。

（2）系统工具职能由系统管理员进行控制，并由他负责系统安全配置、系统账户及审计日志等的管理。

（3）应定期安装系统的最新补丁程序，对可能危害计算机的漏洞进行及时修补，并在安装系统补丁前对现有的重要文件进行备份。

（4）其他控制内容与操作系统控制类似。

三、信息控制

对于智能财务内部控制而言，保证数据安全和实行正确的信息控制是最为重要的。信息控制主要包括以下两个方面的内容。

（一）数据库的内部控制

在智能财务内部控制中，数据库的安全是重中之重，因此，对于数据库的控制应该十分严格。

（1）对数据库的操作只允许通过客户端软件进行，没有特殊原因，任何人不得进入后台数据库。

（2）建立数字认证系统，加强数据库访问的权限控制。

（3）对于特殊原因需要直接进入后台数据库的操作，需由财务主管审批，并持财务主管的硬件证书和系统管理员证书进行身份验证后才能进入。

（4）禁止数据库的远程访问，软件商的维护人员不得自行进入后台数据库，如工作需要，需由系统管理员通过审批后执行。

（5）配置数据库审计系统，对重要的数据库操作进行实时监控，设置异常操作报警机制，同时记录日志作为日后审计的凭据。

（6）每周整理数据库审计记录，对进入后台数据库、未经客户端的数据修改进行重点审查。

（二）数据的备份和恢复

由于智能财务的信息都是采用电子数据进行存储的，故必须建立一套备份与恢复机制，以确保出现自然灾害、系统崩溃、网络攻击或硬件故障时数据能够得到恢复。

1. 备份和恢复系统

（1）支持大容量存储。

（2）支持异地备份和恢复。

（3）具有跨平台的备份能力。

（4）支持多种存储介质和备份模式。

（5）支持自动恢复机制。

（6）对数据库服务器建立双机热备系统。

2. 管理制度

在完善数据库备份与恢复的硬件和软件系统的同时，建立严格的数据库备份与恢复管理制度是非常必要的。管理制度主要包括以下几个方面的内容。

（1）应识别需要定期备份的重要业务信息、系统数据库及软件系统等。

（2）应规定备份信息的备份方式（如增量备份或全备份等）、备份频度（如每日或每周等）、存储介质、保存期等。

（3）应根据数据的重要性和数据对系统运行的影响，制定数据的备份策略和恢复策略。备份策略应指明备份数据的放置场所、文件命名规则、介质替换频率和数据离站运输的方法。

（4）应指定相应的负责人定期维护和检查备份及冗余设备的状况，确保需要接入系统时能够正常运行。

（5）根据设备备份方式，规定备份及冗余设备的安装、配置和启动的流程。

（6）应建立控制数据备份和恢复过程的程序，记录备份过程，并妥善保存所有文件和记录。

（7）应根据系统及备份所采用的方式和产品，建立备份设备的安装、配置、启动、操作及维护过程控制的程序，记录设备运行过程中发生的状况，并妥善保存所有文件和记录。

（8）应定期执行恢复程序，检查和测试备份介质的有效性，确保可以在恢复程序规定的时间内完成备份的恢复。

四、业务流程的实时控制

（一）实时控制理论模型

由于事项驱动型的智能财务是业务流程和信息处理流程的集成，加之在网络环境下，业务活动的自动化处理代替了人工处理，存储介质也由磁介质代替了纸张，所以在对待如何完成对交易数据的正确获取这一目标上，就不能采取事后进行一致性检查等传统控制手段。又由于业务是通过网络实时发生的，人员干预的成分较少，故必须实施事中控制，即实时控制。由于已识别了事项驱动型智能财务的有关风险，就应该在风险发生时尽可能地控制它，并对业务的合法性和合理性进行充分检查，使之符合既定的业务规则。这不仅需要在业务或信息处理发生时检查和管理与事项相关的规则、政策，还需要将控制程序化，即在系统的设计和开发阶段把控制规则编写成源程序代码并嵌入业务事件的执行过程中，使各项控制由计算机自动完成，从而降低错误和舞弊发生的可能性。当然，在网络环境下，要使人们正确树立会计实时控制观念，还必须进一步深入研究智能财务的流程再造、实时控制方法、实时控制模式等理论问题，不断丰富和完善智能财务实时控制系统，使其高效、安全、正常运转，最终保证智能财务实时控制目标实现。

（二）会计流程再造

1. 会计流程再造的意义

在智能财务内部控制中，传统的会计业务流程已无法适应，因此，会计流程再造是必要的。所谓流程再造，就是指利用技术改变传统会计中的管理流程、业务流程及会计流程，并将这三种业务流程集成，以实现会计的实时控制。它的实质就是采用所谓的基于事项驱动方式，再造传统会计和信息系统的业务流程。在智能财务中，这种基于事项驱动方式的会计业务流程有以下几个特点。

（1）实现了源数据库的共享。这种系统结构将物理上分散的企业的多个数据库在逻辑上集中，并支持不同层次的、综合性的信息需求。经过标准编码的源数据信息，可以满足企业外部所有信息使用者的需求，使数据库真正做到同出一源，实现共享。

（2）业务流程、会计流程（信息流程）、管理流程之间能够紧密合作，各部门之间信息协调的状态得以实现。

（3）提供实时财务报告。由于信息处理与业务活动的执行过程是同步的，能够实施会计的事中控制，且系统能就违反规则的活动实时地向负责人发送异常情况报告，或者阻止舞弊活动的执行，故可使系统预防风险的能力大大提高。

2. 建立财务业务一体化流程

不管是传统会计，还是目前普遍使用的会计信息系统，其会计流程的起点主要还是根据经营活动发生时的各类原始凭证编制录入记账凭证，实际上仍然是事后算账。要实现智能财务的实时控制，打破传统会计流程，充分发挥网络信息技术的优势，建立起财务业务一体化流程是非常必要的。

3. 财务业务一体化平台的实现

（1）充分利用网络平台和信息技术。网络平台是信息共享的基石，数据库、电子商务等信息技术的发展和不断完善是财务业务一体化流程得以实现的强有力的支撑工具。充分利用网络平台和信息技术，可以为实现实时获取信息、实时控制业务事项、实时生成信息、实时报告信息的全新流程打下坚实的基础。

（2）数据的存取和管理。财务一体化流程包括三个基本库，即业务事项数据库、方法库和模型库。这三个基本库通过中间的信息处理器进行数据的存取和管理，为企业财务运营、控制和决策提供依据。当业务事项发生时，探测器（信息系统中的事项获取模块）会实时获取事项信息，将所有原始数据适当加工成标准编码的源数据；同时记录业务事项的个体特征和属性，并将集成于一个业务事项数据库中，而不是任由数据分散、重复存储于多个低耦合系统中。

业务事项数据库不仅记录符合会计事项定义的业务事项，而且记录管理者想要的计划、控制和评价的所有业务事项，还存储业务活动中的多方面细节信息，任何授权用户都可以通过它所存储的数据来定义和获取所需的信息。

方法库是财务决策得以实现的一个基础。系统要求有一个完善的方法库以进行有效支撑。方法库用于存放信息提取规则、业务处理规则和控制规则，以及不同的确认和计量规则。在信息使用者使用会计信息时，系统可以根据不同目的，选择不同的确认和计量规则，并将其组合成与信息使用者决策最相关的会计信息内容。此外，方法库中也包含一些基本数学方法、数据统计方法、经济数学方法、预测方法、评价方法、优化方法、仿真方法、决策方法及投入产出方法等。

模型库是分析问题、提供合理决策方案的基础。模型库中存放有用户求解问题所需的各种模型，如专用模型、通用模型及在求解问题时所建立的临时模型等。该模型库可以实现模型的生产、组合、运算及模型的增、删、改一体化运作。模型库中的模型主要分为财务报告模型、财务分析模型、预测模型、决策模型等。采用事项驱动的原理，将模型库与业务事项数据库相连接，在事项驱动的方式下，可以把信息使用者所需要的信息按动机不同划分为若干事项，并可为每一种事项设计相应的过程程序模型，当决策者需要某种信息时，相应驱动不同事项程序，即可得到相应信息。

（三）实时控制方法

完成了会计流程再造后，实现智能财务的实时控制便可成为可能。在网络平台和信息技术的支持下，可通过识别结构化控制规则和非结构化规则来设计不同的内部控制方法，并在信息系统开发时将一些规则嵌入系统中，或者设计一些管理控制模块，并将其和信息系统结合起来以完成实时控制。

1. 结构化控制规则程序化

在会计数据库处理过程中，判断会计数据处理是否正确是根据结构化控制规则程序化来实现的，其基本规则包括以下几种。

规则 1：有借必有贷，借贷必相等。

规则 2：资产 = 负债 + 所有者权益。

规则 3：上级科目余额 = 其下属明细科目金额之和。

规则 4：未审核凭证不允许记账。

规则 5：审核人与制单人不允许为同一人。

上述规则是会计数据处理中的基本规则，同时也是“不相容职务相互分离控制”“授权批准流程控制”等控制方法的具体体现。事实上，规则远不止这些，人们一直在不断探索、不断丰富和完善规则，以使会计处理流程更加规范。

2. 设计业务流程管理模块

为了实现智能财务的实时控制，可结合再造后的新业务流程，设计出流程管理模块，并将其与会计信息系统相结合以完成内部控制工作。设计业务流程管理模块的目的在于不因为实施内部控制而影响业务流程的流转，而降低工作的效率。该模块内嵌于信息系统中，可以实现信息的单向、双向、多向传递，可在线实时完成业务处理申请、处理结果批复，保证信息系统传递的时效性和授权审批等手段的实现。

业务流程管理模块主要包括以下一些功能模块。

（1）采购管理模块。采购管理模块主要用于实时获取采购订单、出货、处理采购发票等一系列采购活动中的各种信息，并应用控制标准（如采购价格标准、采购费用预算等）、控制准则（如采购价格审批准则、采购发票控制准则等）以达到对供应商选择和确定采购订单价格、处理采购发票等一系列活动的实时控制，为企业最大限度地降低采购成本、提高经营效率提供支持。

（2）销售管理模块。销售管理模块主要用于实时获取从销售合同签订到结束全过程的经营活动信息，并应用控制标准（如信用额度、销售费用预算等）、控制准则（如赊销控制准则、销售价格控制准则等）对销售订单价格进行严格控制、指导，约束销售行为，动态控制产品的分配量、现存量、不可动用量、在途量等，在提高资金回笼流量和流速的同时，保证企业经营效益目标的实现。

（3）库存与存货管理模块。库存与存货管理模块主要用于实时获取物料入库、出库、盘点、报废及结存等信息，并应用控制标准（如各种存货的最高储量、存货最长储存期、标准用量等）、控制准则（如超储或缺货控制规则、超出最长储存期的扣款规则等）实时控制存货的流量和流速，最大限度地降低库存资金占用，提高存货周转率。

（4）成本管理模块。成本管理模块主要用于实时获取成本中心信息、每道作业的信息，并应用控制标准（如材料成本、产品成本、作业成本等）、控制准则（如各种价差控制规则、各种量差控制规则、各种成本动因的控制规则）在实施标准成本控制和作业成本控制的同时，最大限度地降低作业成本、产品成本，提高企业经营效益。

（5）财务管理模块。财务管理模块主要用于实时动态地获取企业经营过程中的个人和部门费用、现金流入、现金流出等信息，应用控制标准（如利润中心控制标准、费用中心控制标准、资金预算等）、控制准则（如个人借款限额规则、部门费用和总额费用规则等）严格按照预算对费用和资金进行实时控制，提高资金周转率，降低各种费用，最大限度地提高企业的经营效益。针对以上各类业务，应制定相应的业务流程，在每个流程中规定各种业务的处理规则，并将其与业务流程管理模块相结合，以达到实时控制的目的。

3. 通过数字认证体系进行权限控制

权限控制法是指企业高层管理者给予企业员工或部门一定的权力和责任，限定其活动范围，防止无权限人员对经营活动进行非法处理的控制方法。权限控制法也是授权批准控制法。在经营过程中，应用权限控制法能够使会计控制系统在有效的控制下正常运行，并能严格执行内部控制制度，保证系统的安全性和保密性。实施权限控制法时，也需应用相应的结构化规则来指导、协调、约束经营活动。其基本规则是当某项经营活动或事件发生时，如果某人有权限，则可以处理该事件，否则不允许处理。权限控制法从控制内容看，既涉及财务事件，也涉及业务事件控制权；从控制范围看，既涉及某一具体事件，也涉及整个流程的控制权。

4. 建立实时监控系统

在智能财务实时控制中，对各类重要业务和事项进行实时监控是非常必要的，因此，建立业务事项的实时监控系统至关重要。其具体内容如下。

（1）通过与各子系统的集成数据接口实时提取数据。

（2）对于需要监控的数据，根据各子系统通过业务事项的重要程度设置数据提取的条件。

（3）业务监控系统向不同级别和权限的人员实时提供相应的监控信息。

（4）在数据达到时进行实时信息提示。

（5）具有权限的人员登录业务监控系统后，未阅读的监控信息会自动提示阅读。

（6）对提取的监控数据存档备查。

综上所述，在智能财务内部控制中，优化和再造业务流程后能够将控制规则嵌入会计控制系统，使计算机能严格按照控制规则进行实时控制。这样不仅减少了人工控制的缺陷、规范了经营活动，而且对于发挥财务对经营活动过程的实时控制、实现，提高企业经营效率和效益的目标起到了推动作用。

第三节　基于内部控制的建筑企业财务管理应用

本节以建筑企业为例介绍基于内部控制的财务管理应用。

一、建筑企业财务管理现状及内部控制的重要性

（一）建筑企业财务管理现状

企业的一切经济活动都是通过财务预测、财务决策和财务计划来综合规划的，是企业一切管理活动的基础。建筑企业具有生产的流动性、单件性和生产周

期长、业务涉及面广等特点。这类企业在财务管理的许多方面，如项目预算、全成本控制、资金安排、共享服务、项目考核等都具有个性化特点，因此，财务管理也面临诸多挑战。随着业务的扩张，组织机构日趋庞大、管理层级链条越来越长，导致财务业务的集中管控能力、力度和范围存在不均衡现象，对财务管理提出更高的要求。只有通过有效的财务管理和精细化的内部管控，企业才能在激烈的市场竞争中脱颖而出，实现可持续发展。

（二）完善建筑企业内部控制的重要作用

企业资金的流向和使用情况的真实性，对于一个企业能否健康、可持续地发展具有至关重要的影响。因此，强化企业财务管理的内部控制机制，能够有效地确保企业资金的正确运用，并且最大化地提升资金使用的效益。在当前阶段，建筑企业的工程项目资金涉及的金额越来越大，一个项目的顺利推进往往需要投资数千万元，甚至数亿元的资金。由于涉及的资金数额巨大，工程施工的各个环节涉及的范围也非常广泛，为了确保资金能够专款专用，避免资金的滥用和浪费，必须进一步加强企业财务管理的内部控制措施。这不仅有助于提高资金使用的透明度和合规性，还能有效防范财务风险，确保企业的长期稳定发展。通过建立健全的内部控制体系，企业可以更好地监控资金的流动，确保每一笔资金都能按照预定的计划和目标进行使用，从而提高企业的经济效益和社会信誉。

二、基于内部控制角度的建筑企业财务管理问题分析

（一）建筑企业资金管控的风险

我国的许多建筑企业的工程项目规模庞大，具有显著的流动性和分散性特点。这些企业中，一些规模较大的建筑公司常常同时承接多个规模庞大的工程项目。这些项目往往由总公司的下属分公司负责承建和管理。由于项目规模庞大，涉及的资金流量巨大，且资金流向分散，这给企业的资金管理带来了极大的挑战。资金管理的难度在于难以进行有效的集中控制，容易导致各种财务问题的出现，如挪用公款、虚假报销以及资金使用率低下等。这些问题不仅会间接影响企

业的资金安全，还会对企业的长期发展产生不利影响。

因此，对于建筑企业来说，重视和加强财务管理的内部控制制度显得尤为重要。通过建立健全的内部控制机制，企业可以更好地监控和管理资金流动，确保资金的合理使用和安全。此外，提高资金的使用效率也是关键。企业应采取有效措施，优化资金配置，减少不必要的浪费，确保每一笔资金都能发挥最大的效益。只有这样，企业才能在激烈的市场竞争中保持竞争力，实现持续健康的发展。

（二）建筑企业风险控制能力较弱

在建筑行业中，工程项目通常具有规模庞大、施工周期长以及所需投资金额巨大的特点。这些因素使得建筑企业在经营过程中面临着诸多潜在的风险因素，一旦发生风险事件，其所带来的损失往往也是巨大的。通常情况下，人们认为这些风险主要来源于市场竞争的激烈以及经济环境的不断变化和发展。然而，在面对问题时，许多企业往往只关注外部环境的影响，而忽视了企业内部在财务控制和管理制度方面存在的问题。这种片面、局部的思考方式导致了问题的出现，并且使得企业在问题发生时无法及时发现和迅速解决。

此外，为了追求短期利益，不少建筑企业不惜进行大规模的工程项目投资。这种做法往往会导致资金流的分散，使得企业在短时间内难以实现资金的回笼。更为严重的是，一些企业在进行工程项目投资之前，并没有对项目的前期情况进行详细而全面的了解和调查，而是盲目地进行投资。这种缺乏充分准备和评估的做法，往往会在工程项目的后期暴露出资金短缺的问题，甚至导致企业为了掩盖财务困境而粉饰财务报表。这些问题的存在不仅影响了企业的正常运营，还可能对整个建筑行业的健康发展造成负面影响。

（三）建筑企业财务制度中内部控制不健全

在当前的商业环境中，尽管许多建筑企业已经建立了财务管理制度，但这些制度往往流于表面，缺乏实质性的内部控制。这种情况导致了企业内部的财务管理实际上并未真正地融入整个企业的运营体系中。在许多情况下，企业的财务管理仍然是一种“一言堂”的模式。具体来说，对于企业资金的管理和支配，往往不能严格遵循公司既定的流程和规范，而是由企业高层领导单方面决定。在这种情况下，财务部门仅仅扮演着配合领导的角色，而没有真正发挥出财务人员应有的专业作用。因此，内部控制在财务管理过程中的重要性并未得到充分体现和发挥。

这种现象的存在，使得企业的内部财务控制制度无法健全，财务机构的设置也显得不合理。在这样的背景下，企业内部的权力与责任划分往往模糊不清，导致财务信息无法真实、有效地反映企业的实际状况。此外，由于缺乏有效的内部控制，资金的使用效率往往较低，无法得到最优化的配置和利用。这些问题的存在，不仅会导致企业日常财务工作的混乱和低效，而且无法保证财务活动的透明度和合规性。长此以往，这将给企业的整体管理带来混乱，影响企业的决策质量和运营效率，最终不利于建筑企业的稳健发展和市场竞争力的提升。因此，加强和完善建筑企业的内部控制和财务管理，已经成为企业可持续发展的重要课题。

（四）建筑企业专业人才缺乏合理的培训机制

一方面，建筑企业的财务队伍按传统的模式扩张，在人数迅速增加的同时，人员素质和工作效率却未获得有力提升，仅为量变而非质变。同时，财务人员的能力参差不齐，与企业精细化管理的要求存在差距，无法有力支撑企业财务管理工作。另一方面，大多数企业都比较注重培养工程技术人才、管理人才，并没有树立培养财务管理人员的意识，导致企业在财务管理方面出现薄弱环节。容易导致会计账务不清、财务管理水平低下等问题。再者，企业往往没有建立合理有效的阶段性培训机制，财务管理岗位是一个需要不断学习的岗位，由基础的核算到分析再到管理，是需要一阶一阶进阶的，故而培训也应进行相应筹划，为企业打造自身的人才储备队伍。

三、加强内部控制制度建设，提升企业财务管理水平

建筑行业的不断发展，使得建筑企业也得到迅速的发展，企业规模不断扩大，占据市场份额也不断增加。为了使建筑企业能够一直茁壮成长、发展，企业也必须对内部控制制度建设给予相应的重视。企业应该结合社会经济发展的大环境以及自身发展的特点，走可持续发展的道路，遵循企业的成本效益，严格遵守

国家的法律法规，不断地完善企业内部控制制度，包括资金使用权限批准、资金预算批准、内部审计监督制度等，不断地完善提升企业内部控制体制，促进建筑企业的健康、可持续发展。

（一）推行资金集中管理制度，强化资金审批工作

资金进行合理的使用以及使用的真实性的保障，是加强建筑企业内部管理的重要前提与基础。鉴于建筑企业资金的使用具有资金流量大、走向比较分散的特点，企业可设立资金中心总户，各项目部设立资金中心虚拟户，由企业归集资金，防范项目挪用资金风险。为了保证资金的专款专用、提高资金的使用效率、保障资金的安全性，企业财务管理部门应制定相应的制度，不断完善资金使用及其流转的过程，使每个环节相互配合，对建筑企业旗下的分公司的账目进行有效监督与管理。建筑企业内部资金的使用，可以引进一些便捷的方法，代替传统的资金使用方法。在企业承接大型项目时，资金的使用应该保持合理的筹资结构，避免企业出现工程项目后续资金不足等情况，导致工期延误，给企业造成更大的损失。

（二）健全内部控制制度，促进财务管理标准化

企业财务管理的趋势将从核算业务分散化到标准化、共享化方向发展，需要不断完善和加强企业内部控制制度建设，从根本上推进财务管理的现代化路程，使企业内部控制与财务管理发展相契合，共同促进企业转型升级，保证企业日常工作的系统性、协调性。尤其是在企业财务管理方面应加强内部控制，要结合企业财务管理的特点以及社会经济发展的趋势，在符合经济效益的基础上，建立分工明确的财务管理制度。对财务人员进行职责与权力的划分，坚决杜绝个别财务人员权限过大，使财务人员之间相互牵制、相互监督。企业应在监督的基础上，建立企业内部审计制度，设立相应的审计机构，聘用具有专业技能的人才，进行审计工作。

（三）加强预算与核算管理工作，打好财务内控工作基础

会计预算控制是加强企业内部控制的有效方法。企业可以聘请专业的公司或专业的技术人才为企业进行会计预算。在核算的过程中，一定要考虑企业自身

的财务管理特点，进行科学、合理且具有实用性的会计预算。建筑企业的工程项目比较分散，参与人员较多，管理模式各不相同，所以，首先应该对企业本身以及企业下属的分公司的情况进行全面的了解、分析，要达到预算结果与企业实际资金状况相符，便要建立统一的预算体系，使企业的分公司能够严格地按照统一的预算体系进行会计预算，加强对资金的控制。在会计预算执行的过程中，要明确资金审批的流程，将工程项目管理中的费用以及工程成本全部纳入会计核算的范围之内，充分保证会计核算信息的真实性及实用性。

（四）注重高素质财务管理人才培养，完善绩效考核机制

人才是一个国家发展的核心力量，更是一个企业不断发展、创新的核心保障。首先，企业可以推出相应的政策，对聘用的人才制定合理的标准，防止企业财务部门任人唯亲，造成财务管理的混乱。其次，企业在招聘财务人员时，要严格进行标准的把控，不仅要求其掌握基本的财务知识，更需要能够很好地对整个财务流程进行管理和监督。最后，企业还需要对财务人员进行定期、定时的培训，不断加强其专业技能，丰富会计专业知识，不断地提升自我。对于在财务工作中作出优秀贡献的员工给予奖励；对于在财务工作中出现过错甚至是造成经济损失的员工，可以进行相应的惩罚或者予以开除。要重视企业员工绩效的考核和激励，制定合理的升职与绩效考核机制，不断完善建筑企业内部财务管理制度，提高企业财务管理水平，从而不断促进建筑企业的健康、持续、良好的发展。

第四节　智能化财务管理的未来发展

一、创新财务会计理论

对于会计行业来说，企业规模扩大、人员的增多，都迫使人们不能再以单一的会计核算模式来应对企业运行。大多数企业也都意识到了这一问题。但由于多方面因素的约束使得财务共享服务中心的构建进展缓慢。下面以会计环境变化

分析为依据，探讨会计环境的变化，对会计理论在新的经济环境下发生的改变进行分析。

（一）财务会计理论创新的实例分析

会计环境的改变导致会计理论的创新，企业财务资本的扩张、会计报告的模式转变以及收益观念的变化都是财务会计理论创新的主要方面。下面以A企业的财务管理模式变革为例，来具体分析财务理论创新的表现。

A企业自20世纪80年代创立至今，经过了名牌战略、多元化战略等几个发展阶段，现稳居世界500强前列，各产业链发展牢固。其财务信息化平台建设已从传统的会计模式向能够规划未来的管理会计型财务模式转型。在这期间，企业全面优化了财务组织、业务流程和信息系统等，建立了财务共享服务体系，并把核算财务作了物理集中，也就是人员集中。业务财务成为驱动业务发展和构筑行业领导地位的战略伙伴，专业财务通过建流程、立标准驱动业务并利用税务、预算等专业知识创造价值，而作为高效交易处理的财务共享则实现了集约型转变，资产核算、资金支付、费用报销、总账报表等核算流程从原财务组织中剥离出来，实现了A企业财务更集中的运营模式。

在这些转变中，涉及以下几个财务理论的创新。

1. 资本概念的范围被扩大

资本在传统会计中被定义为所有者投入生产经营，能产生效益的资金。它主要包括固定资产、无形资产和一些能够被计量的资产投入。而在A企业财务改革的过程中，资本涉及社会舆论资本、信息化建设的潜在投入资本和生态资本。社会舆论资本主要涉及微博、微信等自媒体时代的普及所导致的应对企业舆论导向的资本投入。信息化建设的潜在投入资本主要体现在本次改革中企业所要支付的设备费用、软件维护费用、人员电脑培训费用以及未来几年定期的信息化平台维护费用。而生态资本，则是生态环境保护中的污水处理、可循环再利用资源等投入。这些都构成了会计资本概念的创新化发展。

2. 会计报告的模式转变

传统会计报告主要揭露的是企业的内外部经济资源、经营绩效情况、委托者想要知道的委托经营者经营的具体职责的执行情况以及现金流的变动情况。而新型的会计报告将实物信息之外的非货币性质的信息融入其中。A企业的管理会计实践通过将传统的财务报表转化为每个自主经营体的战略损益表和日清表，使包括财务在内的各级组织与市场需求精准对接。通过建立零库存和零应收的营运资金管理，实现与供应商和经销商的多赢。

3. 收益观念的变化

传统会计将收益定义为来自企业期间交易的已实现收入和相应费用之间的差额。这个差额的确认在传统的会计中以资本是否增值作为分界点。税法上对收益的确认必须是“在收到被投资企业分回的利润之时才能确认”，收没收到的时点改变会造成企业收益在报表上的直接反映。

在A企业的财务创新系统中，建成了标准化管理平台，用统一的标准来衡量企业收益的确认，形成了综合性的收益观念，综合各方面考量，通过搭建统一的标准化流程，建立统一的数据系统，实现了自动化管理。在业务流程全面共享、质量管理和流程标准化、信息一体化方面，通过流程追溯、科目解析、信息反馈等共享质量管理，从事后的风险发现转化为事前的流程闭环及优化，用主动的风险预警推动业务端改善。

（二）财务会计理论创新带来的问题

1. 员工观念跟不上创新趋势

由于信息化财务管理平台的提出，使得一些传统的会计工作者无法接受甚至出现了消极怠工的情况，出现了员工观念跟不上创新趋势的问题。同时，在引进新员工的时候，新员工的理念是否和当前的企业财务管理理念相同也是需要注意的问题。

2. 财务管理信息化制度漏洞频出

软件的施行最终还是要通过人工的操作来实现，虽然人们经常认为机械化比人工操作出现的错误少，但是仍不排除出现错误的可能。在财务信息化管理平台运行过程中，最容易出现的是信息管理制度不健全造成的失误。由于大部分企业只重视信息化平台的建设而忽视了在销售阶段、售后服务阶段、经营销售阶段等阶段的维护，使得在这些阶段中的会计核算出现问题时，并不能及时解决，没有专人负责，故无法责任到人，使得制度形同虚设。

3. 未充分利用信息化的发展来服务决策

财务会计职能的转变，使得会计工作者的职能更多地偏向于管理。信息化程度越高，高层管理者所作决策的重要程度就越高。然而在很多企业中，很多董事还没有能够完全发挥出应有的职责。很多董事会和监事会成员只是在看过财务报表之后，简单地根据报表数据作出决策，而不是形成综合判断的结果，最终造成企业决策偏向理论化而不是全面化，这和企业全面发展的期望是相悖的。很多企业没能在财务系统出现问题或者财务决策出现失误以后及时发现，也是企业管理者只注重信息化的发展而未能充分利用这些发展来服务决策造成的。

（三）应对财务会计理论创新的措施

1. 更新观念，培养全员创新意识

随着现代市场经济的快速发展，任何企业要想在这个激烈的市场环境中更好地生存与发展，就需要不断地更新经营理念，尤其是转变会计理念，实现创新，从众多企业中脱颖而出。要不断地变革传统的财务管理人员的理财观念以及培养企业员工的成本控制意识。例如，在企业的成本管理上实行多层次的控制管理，明确企业每个部门的控制责任、成本核算的任务等，将企业整体规划的成本控制逐层确立，使得会计成本的确认更为细致。让员工们在工作的过程中能够领略成本控制的重要性，从而逐步培养企业员工的自我成本控制意识和行为。此外，还可以在企业内部推行成本控制奖惩制度，对于那些成本控制表现优异的员工可以给予一定的奖励，激励更多的员工培养成本控制意识，实现企业全面性的成本控制体系，从而增强企业的市场竞争力。

2. 建立完善的信息化财务管理系统

在企业中建立信息管理制度，对市场的产品信息进行全面的掌握，从而为建立企业的财务管理体系奠定良好的基础。这些信息不仅可以是竞争对手的产品信息、整个市场商品发展的趋势和产品的定价，还包括客户的喜好以及客户的需要等信息，也是企业制定财务系统管理的重要标准。企业通过对市场上客户的需要进行分析，能够正确地处理产品的成本和客户、市场之间的关系，促进企业的

快速发展。

3. 健全独立董事制度和监事会制度

信息化程度的提高，意味着人员的减少，但是也会有一些不法分子利用企业漏洞对企业造成伤害，因此，建立健全独立董事制度和监事会制度是一种较有效的解决办法，能从根源上控制问题的发生。首先，应该根据不同企业的具体情况来确定监事会的规模大小，在监事会人员组成上，除出资人代表外也应当有一个外部人员参与。其次，监事的工作也是需要被激励和监管的，一方面可以激发成员工作积极性；另一方面也要问责出现问题的监事成员，适当作出惩戒。最后，制定监事制度，由持有相关资格证书的专业人员担任监事一职，并且规定凡是担任了本企业的监事人员就禁止其在企业同时担任其他职务。

二、实现企业财务会计信息数据共享

（一）数据共享模式对财务工作的影响

一直以来，会计信息的收集都是以结构化数据为主，大数据时代的到来为人们带来了一种全新的、富有创造力的会计技术环境。在这个背景下，会计工作产生了大量的非结构化数据，如各类报表、图形、图像、音频和视频信息等，企业如果能有效且精准分析这些非结构化数据将会给企业带来巨大的竞争优势和增长潜力。

1. 促使企业的财务工作转型

对企业决策者而言，拥有管理思维模式的财务工作人员，可以完成企业财务分析和战略制定，从而更好地创造企业效益。传统的财务工作缺乏战略思维，多看重财务、数据、报告，而忽视业务、信息、分析等实质性工作，财务人员的大量时间用在处理经济业务上，信息化水平较低，最终对整个企业的经营管理提供的信息是有限的，而且这些财务数据来自发生过的业务，即为历史数据，不会对企业将来的经营期间作出明确的指导。所以在数据共享模式下，企业管理层合理配置资源、优化决策，对当前和未来的经济活动进行预测、决策、规划、控制，能够在企业经营管理中发挥更大的作用。

2. 促使企业管理创新

大数据技术推动企业信息化进入新的发展阶段，企业管理方式发生变化，如扁平化组织形式和商业规则正在形成，新技术和管理的创新融合在一起为管理会计赋予新的内涵。具体来说，在过去企业只局限于应用内部财务数据，现在大数据信息的采集处理，扩展了管理会计的数据范围，使得企业对定额管理、项目造价、经营预测等合理性评估变得可行，同时，也为管理会计深化应用提供了新的路径和方法。

3. 促使会计人员成为管理型会计

随着财务信息化的普及和发展，越来越多的企业需要管理和财务的复合型人才，传统的财务工作面临深刻的变革，会计人员要加强学习，提升业务能力，转型成为企业管理型人才，才不会被行业的发展所淘汰。大数据时代，财务部门在企业中也将成为综合性很强的部门，会计人员需要有一定的知识广度，对企业生产经营流程控制、内部管理和财务控制、企业战略决策、风险管控和成本分析等也应有所了解。会计人员应逐渐形成系统性和管理性思维，熟练地进行会计核算，成为真正的管理型会计人才，将财务会计与管理会计工作真正融合在一起，进而推动企业价值的实现。

（二）数据共享模式下管理会计与财务会计融合的必然性

会计体现了社会生产关系，随着生产力的进步而不断发展。在数据共享模式下，管理会计和财务会计融合是会计发展的一项重大突破，是对企业会计的深度完善，更是经济发展到信息时代的必然性结合。企业各类财务信息在数据共享模式下，都要以管理会计的工作要求考虑去扩大信息范围，最终充分发挥会计的职能。

1. 管理会计与财务会计融合的理论基础

从理论上讲，会计学包含了会计和管理两个方面，在实务中，会计部门的管理会计职务与财务会计记账核算职务只是分工上的不同，它们形成了一个完整的会计体系。管理会计和财务会计都是对企业各种资源要素的确认、计量与控制，两者从企业内外不同角度从事企业的经营活动，发挥不同的职能作用，但是目的一致，都是加强企业经营管理、提高企业经济效益，这也为两者的融合提供了目标基础。

2. 管理会计与财务会计融合的必然性

大数据时代，将全方位地改进企业的商业模式和数据分析思路，而且由于信息技术、电子商务的不断创新，催生了很多新型业务，管理会计和财务会计的融合，就是将企业的财务活动同管理行为紧密联系在一起，从业务开始时就介入其中，并给出信息化数据去支撑经营决策。随着大数据技术的进一步深入，两者的有序融合还会进一步促进企业实现管理会计信息化，使企业在新的发展时期，经营预测、预算管理、运营分析、成本管理活动能够顺畅地开展，最终实现企业战略发展目标。

（三）数据共享模式下财务会计向管理会计转型存在的问题

现在，我国只有部分优质企业强调了管理会计的功能，并积极推进其在企业中的实际应用，但是在大多数企业中仍然未有效地运用管理会计，尚未建立一套管理会计应用体系。其中存在的问题主要体现在以下几个方面。

1. 缺乏会计工作转型意识

部分企业认为财务部门是非核心部门，也有部分管理者认为，财务会计只需做好日常核算、编制报表、申报纳税等工作，不需要参与企业管理和决策中去。但是目前我国企业普遍存在管理会计发展水平低的现实情况，更没有认识到大数据时代下管理会计信息化的重要性，直接制约了财务会计向管理会计的转型。这些都是企业缺乏会计工作转型的意识所带来的短视行为。

2. 会计人员工作能力有限

企业中的会计人员不仅要有专业知识和业务处理能力，在大数据时代，管理会计的发展离不开信息化的支持，此时还需要会计人员熟悉统计和运筹技术，掌握数据分析能力，能够对经营问题分析论证，并提出相应策略去解决问题，而这些恰恰是现代企业会计人员所缺乏的，业务素质不高、工作能力有限是会计工作转型中的最大障碍。

3. 财务数据的安全性有待进一步保障

在大数据时代，数据传输速度快，网络安全受到了很大挑战，也给企业管理会计工作带来了风险考验。此外，数据的受众人数越多，其被窃取和泄露的可能性就越大。企业内部人员有可能因为职业道德的缺失而泄露企业的财务数据，尤其是核心财务数据，这些都会给管理会计的安全性带来冲击。为了促进财务会计和管理会计的融合发展，需要有效提高企业数据的安全性。

（四）加强数据共享模式下财务会计和管理会计有效融合的可行性建议

1. 建立数据共享的基本运行机制

进一步提升企业对业务财务数据与信息的获取与处理能力，是企业在数据共享模式下实现财务会计和管理会计有效融合的关键所在。构建财务与业务的数据共享平台，有效融合业务系统、企业资源计划系统、预算平台、数据分析平台等多重数据来源，为企业提供多方面、多层次的管理分析和经营决策支持。

2. 转变高层管理者和会计人员的观念

会计工作强调专业性和技术性，企业管理者必须意识到企业绝对不能只停留在财务会计层面上，应当积极推动企业会计工作的转型升级，与管理会计相结合，突出价值链管理。同时，随着企业运营越来越强调一体化，要求财务活动与经营管理也要一体化。所以在大数据时代，需要企业管理者有一个根本意识的转变，从原来重视资本市场和筹资融资活动，转向更加重视实体经济，从而提升对管理会计的重视程度。而企业会计人员也要转变观念，打破现有工作定式和思维惯性，除了专业知识，管理能力也必须提升，学会利用大数据技术对企业运营风险、发展前景进行分析与评估，进而给管理决策者提供有价值的参考意见，帮助企业实现价值最大化。

3. 构建企业管理会计信息化

虽然大数据时代的到来给企业带来巨大的数据信息，但数据是繁杂的，企业只有建立良好的数据处理平台，掌握一定的数据处理能力，将管理会计和财务会计更好地融合在一起，才能更好地助力企业发展。企业管理者要建立多维度、多层次的核算理念和数据体系进行科学的预测，并运用管理会计的技术方法，制定正确的、符合企业实际情况的经营和考核政策，促进企业提升管理水平和价值创造，最终减少企业经营风险。

4. 挖掘数据的价值，实现管理智能化

大数据时代，企业要结合自身的实际情况，创新出新的管理会计工具，以促进管理会计和财务会计的融合，如预算管理、战略管理、作业成本管理、本量利分析、平衡计分卡等。具体来说，企业要挖掘数据价值，以价值为导向，加强数据分析、计算等各方面的能力，充分利用管理会计工具，实现管理的智能化。

参考文献

[1] 寇改红，于新茹 . 现代企业财务管理与创新发展研究 [M]. 长春：吉林人民出版社，2022.

[2] 蔡敏，李淑珍，樊倩 . 现代企业财务管理与财政税收理论探究 [M]. 长春：吉林科学技术出版社，2022.

[3] 李婉丽，雷永欣，闫莉 . 企业管理会计与财务管理现代化发展 [M]. 北京：中国商务出版社，2021.

[4] 徐燕 . 财务数字化建设助力企业价值提升 [M]. 广州：华南理工大学出版社，2021.

[5] 鲍凯 . 数字化财务：技术赋能 + 财务共享 + 业财融合 + 转型实践 [M]. 北京：中国经济出版社，2023.

[6] 刘赛，刘小海 . 智能时代财务管理转型研究 [M]. 长春：吉林人民出版社，2020.

[7] 王利敏 . 大数据时代背景下企业财务管理变革 [M]. 北京：中国商业出版社，2021.

[8] 王利萍，吉国梁，陈宁 . 数字化财务管理与企业运营 [M]. 长春：吉林人民出版社，2022.

[9] 余红叶，张坚，叶淞文 . 财务管理与审计 [M]. 长春：吉林人民出版社，2019.

[10] 谢春林 . 数字化时代企业财务管理探究 [M]. 长春：吉林文史出版社，2023.

[11] 陈春花，徐少春，朱丽，等 . 数字化加速度：工作方式、人力资源、财务的管理创新 [M]. 北京：机械工业出版社，2021.

[12] 孙娜，江钰媛，孙绍荣 . 内部控制与质量监管制度研究 [M]. 北京：中国经济

出版社，2021.

[13] 王剑华 . 企业管理创新与内部控制 [M]. 长春：吉林科学技术出版社，2022.

[14] 高云进，董牧，施欣美 . 大数据时代下财务管理研究 [M]. 长春：吉林人民出版社，2021.

[15] 李艳华 . 大数据信息时代企业财务风险管理与内部控制研究 [M]. 长春：吉林人民出版社，2019.

[16] 许本锋 . 大数据与管理会计 [M]. 北京：经济日报出版社，2022.